ACTION POPULAIRE
DE REIMS

PETIT MANUEL

d'Éducation Syndicale

TROISIÈME ÉDITION

PARIS

ACTION POPULAIRE
51, rue Saint-Didier (16e).

Tous droits réservés.

Prix net : 1 fr. 50,

franco.

TABLE DES CHAPITRES

		Pages
I.	— L'organisation corporative	3
II.	— Le contrat de travail	9
III.	— La grève	33
IV.	— Syndicats et syndicats	41
V.	— Les devoirs	53
VI.	— L'activité syndicale	59
VII.	— Réponse à quelques difficultés :	
	1. — La religion n'a rien à voir dans les affaires.	67
	2. — Moi, je n'ai pas besoin de syndicat, j'ai du travail bien payé	68
	3. — Se syndiquer ne convient pas à une femme.	69
	4. — Je ne pourrai jamais payer ma cotisation.	70
	5. — Si j'entre au syndicat, il me faudra tout le temps faire grève	70
	6. — Mon patron me fera grise mine si je me syndique : je risque de perdre ma place.	71
	7. — Nous avons ici des syndicats qui ne sont pas socialistes : à quoi bon en créer de nouveaux ?	72
	8. — Mon patron, qui est bon chrétien, ne veut chez lui ni syndicat socialiste, ni syndicat chrétien	73
	9. — Un socialiste m'a dit : « Vous êtes une confrérie, vous n'êtes pas un syndicat ».	74
	10. — Un socialiste m'a dit à moi : « Vous êtes un syndicat jaune ». Je n'ai pas bien compris	75
	11. — Les syndicalistes socialistes vont accuser les syndicalistes chrétiens de semer la discorde, de briser l'unité	75
	12. — Nous sommes trop peu nombreux, nous ne ferons rien qui vaille	77
Table alphabétique des matières		79

ACTION POPULAIRE

DE REIMS

PETIT MANUEL

d'Éducation Syndicale

TROISIÈME ÉDITION

PARIS

ACTION · POPULAIRE

51, rùe Saint-Didier (16e).

Tous droits réservés.

NIHIL OBSTAT:

Parisiis, die 5ᵉ Junii 1920.

L. TRÉGARD.

IMPRIMATUR:

Parisiis, die 8ᵉ Junii 1920.

G. LEFEBVRE

v. g.

I

L'ORGANISATION CORPORATIVE

Qu'est-ce qu'un syndicat ?

Le syndicat est une association libre de personnes exerçant la même profession; il a pour but l'étude et la défense des intérêts communs et l'organisation professionnelle.

Avec quoi ne faut-il pas confondre le syndicat ?

Il ne faut le confondre :

Ni avec un *groupement de circonstance* : entente, coalition en vue d'une manifestation, d'une grève par exemple. Le syndicat n'est pas une organisation temporaire; c'est une institution stable, à durée illimitée;

Ni avec une *œuvre d'assistance et de charité*, à laquelle on va demander un secours, une aumône plus ou moins déguisée. Cela ne veut pas dire que le syndicat ne rend pas des services : mais il rend ses services de telle façon que ses adhérents n'ont pas besoin de secours;

Ni avec une *organisation religieuse* : il ne doit s'occuper, d'après la loi, que des intérêts professionnels. Toutefois, dans l'étude et la défense de ces intérêts, les syndiqués ne peuvent pas ne pas s'inspirer des principes du christianisme qui président à toute la vie humaine. Rien même ne les empêche d'avoir, à côté du syndicat exclusivement professionnel, une confrérie religieuse[1], mais l'un n'est pas l'autre; chacun a ses statuts et sa vie propre;

Ni avec une *société commerciale* : il ne doit pas faire acte de commerce, c'est-à-dire acheter pour revendre et réaliser par là des bénéfices; mais il lui est permis de fonder, en se conformant aux lois, par exemple une société commerciale, ou bien une coopérative de consommation : société commerciale et coopérative auront leurs statuts distincts, leur vie propre et indépendante.

*Que faut-il entendre par **Union** et **Fédération** de syndicats ?*

On appelle d'ordinaire *Union* de syndicats un groupement de syndicats de professions différentes, mais d'une même ville ou région, qui se rapprochent et s'entendent pour défendre des intérêts communs et organiser ensemble des services communs.

On appelle *Fédération* un groupement de syndicats de la même profession, mais ayant leur siège social en des villes ou régions différentes.

On appelle *Confédération* ou *Centrale Syndicale* soit la fédération des fédérations professionnelles diverses, soit la fédération des unions d'un même pays.

On appelle *Internationale syndicale* une association de Confédérations ou Centrales nationales.

Ces groupements superposés et hiérarchisés ont

1. Il est spécialement recommandé aux ouvriers catholiques d'entrer dans les groupements, cercles ou associations organisés en vue de la culture religieuse de leurs membres.

pour but d'amplifier et de renforcer l'action commune. Ils valent ce que valent leur esprit et leurs tendances sociales.

A côté de l'Internationale des Syndicats socialistes, il existe l'Internationale des Syndicats chrétiens, qui a élaboré, elle aussi, à l'occasion de la Conférence de la Paix, un projet de Charte internationale du travail. (Siège : Bruxelles, 14, avenue de la Renaissance.)

Le syndicat est-il une nouveauté en France?

Les associations de métiers sont presque aussi anciennes que les métiers eux-mêmes. On les appelait autrefois *Corporations*. A cause de certains abus, qu'il eût été d'ailleurs possible de corriger, la grande Révolution commit, en 1791, la lourde faute de les supprimer. Cette suppression a été l'origine de bien des souffrances pour les ouvriers, qui furent abandonnés sans protection au jeu souvent brutal des lois économiques.

Pendant le dix-neuvième siècle, malgré les interdictions de la loi et les poursuites judiciaires, les corporations essayèrent de se reconstituer; elles prirent le nom et la forme de syndicats, soit ouvriers, soit patronaux, soit mixtes, c'est-à-dire composés de patrons et d'ouvriers.

M. de Mun, l'un des principaux chefs de l'École sociale catholique, fut, en France, l'ardent propagateur de l'idée syndicale et corporative.

Le syndicat est-il autorisé par la législation?

Oui, depuis la loi du 21 mars 1884, qui se heurta longtemps à l'opposition violente des socialistes. La loi du 12 mars 1920 a complété heureusement la loi de 1884, en étendant la capacité civile des syndicats et en reconnaissant aux *unions* de syndicats, à tous les degrés (Unions, Fédérations, Confédérations), cette même capacité civile.

Pas plus que la loi de 1884 la loi de 1920 n'a trouvé grâce devant les socialistes : ils lui ont déclaré la guerre. Ils ne veulent pas de capacité civile, parce qu'ils ne veulent pas de propriété corporative qui assagirait les révolutionnaires et en ferait des conservateurs.

Ces lois, longtemps attendues, n'ont fait que reconnaître un droit conforme à la nature.

En effet, les hommes sont portés à s'associer. De cette propension naturelle, comme d'une racine commune, naissent la société civile d'abord, puis, au sein même de celle-ci, d'autres sociétés qui, pour être restreintes et imparfaites, n'en sont pas moins des sociétés véritables. Entre ces sociétés privées et la société civile de l'État, il y a de profondes différences : les premières ne visent que l'utilité particulière de leurs membres, tandis que la seconde — l'État — embrasse l'universalité des citoyens et vise le bien général.

L'État ne peut, en principe, refuser l'existence aux sociétés privées : il n'aurait ce droit que dans le cas où ces sociétés, en vertu même de leurs statuts, poursuivraient un but en opposition flagrante avec la probité, la justice, la sécurité publique ; et encore ne devrait-il agir qu'avec la plus grande circonspection.

Le syndicat, soit patronal, soit ouvrier, est une de ces sociétés privées dont le droit à l'existence est indéniable. L'État doit, non seulement l'autoriser, mais le protéger, sans s'immiscer pourtant dans sa vie intérieure et son administration.

Libres de se syndiquer, employeurs et employés sont également libres de se donner les statuts et règlements syndicaux qui leur paraissent les mieux appropriés au but poursuivi.

Par ce qui précède, on se rend compte de l'erreur et de la grave injustice commise par les révolutionnaires de 1791, qui frappèrent de mort les corporations professionnelles.

Dans la doctrine sociale catholique, le syndicat n'a-t-il pas un but très déterminé ?

Dans la doctrine sociale catholique, le syndicat a pour but principal l'organisation de la profession elle-même : ainsi, il n'est pas seulement une force de défense au service d'intérêts particuliers, il est une *force d'ordre* au service des intérêts généraux de la nation.

Qu'est-ce qu'une profession organisée ?

On dit que la profession est organisée lorsqu'un ou plusieurs syndicats groupant l'ensemble des ouvriers, un ou plusieurs syndicats groupant l'ensemble des patrons, sont reliés entre eux par la *commission mixte* intersyndicale, dont on parlera plus loin.

La profession organisée n'est autre chose que la *Corporation* professionnelle.

Quel est le rôle de la Corporation ?

Tandis que le syndicat considère surtout les intérêts particuliers d'une classe, classe ouvrière ou classe patronale, la corporation a pour objet les intérêts généraux de la profession, dont la prospérité importe non seulement aux patrons et ouvriers, mais à la vie économique du pays tout entier.

La corporation défend les intérêts généraux de la

profession en organisant l'apprentissage et l'enseignement technique, en ouvrant les bureaux paritaires de placement (on entend par là des bureaux placés sous le contrôle de délégués patronaux et de délégués ouvriers en nombre égal), en élaborant les coutumes et règlements professionnels, en créant des institutions d'assurance, en représentant la profession auprès des Pouvoirs publics.....

On a proposé de créer à côté de la Chambre des Députés, qui représente les intérêts généraux de la nation, une seconde Chambre ou Sénat, où siégeraient les représentants des intérêts professionnels.

Le but immédiat de la corporation est la solution de la question sociale. Elle la résoudra dans la mesure où elle fera l'union du Capital et du Travail, c'est-à-dire dans la mesure où elle réussira à établir de bons et pacifiques rapports entre les employeurs et les employés, les ouvriers et les patrons.

Il va sans dire que tant que la corporation n'est pas organisée, il appartient au syndicat de répondre aux nécessités les plus urgentes de la vie professionnelle.

Quelle sera la garantie des bons rapports entre patrons et ouvriers ?

La meilleure garantie sera un bon contrat de travail, consciencieusement élaboré par les intéressés.

II

LE CONTRAT DE TRAVAIL

Qu'est-ce que le contrat de travail ?

C'est un contrat par lequel l'employé, l'ouvrier, met, dans certaines conditions déterminées, sa force de travail, son activité, au service d'un patron ou employeur, en échange d'une rémunération appelée salaire, traitement, etc.

Le travail de l'ouvrier peut-il être comparé à une marchandise ordinaire ?

Non, et voici pourquoi :

L'ouvrier ne met pas au service du patron sa force physique seulement, mais son être même tout entier, c'est-à-dire aussi sa dignité d'homme, sa personnalité morale, ayant une destinée surnaturelle : le travail et la personne du travailleur sont inséparables, indissolublement liés. Il en résulte que le travail doit être traité avec le même respect que le travailleur. Le travailleur n'étant pas une marchandise, le travail ne l'est pas non plus.

Ce sentiment de respect à l'égard du travailleur et du travail est d'origine chrétienne. Le paganisme a toujours méprisé le travail manuel. Avant Jésus-Christ, toute la vie économique du monde païen reposait sur l'esclavage, c'est-à-dire sur le mépris de l'homme pour l'homme, sur la possession et l'exploitation de l'homme par l'homme.

Comment doit se manifester le respect dû au travail et au travailleur ?

Tout d'abord par une juste rémunération du travail. Mais l'employeur ne devra pas se contenter de remplir les stipulations matérielles du contrat de travail ; il se rendra compte qu'il manquerait non seulement à l'humanité et à la charité mais à la justice, s'il imposait à l'ouvrier, à l'ouvrière, à l'apprenti un travail excédant les limites de leurs forces, s'il entravait leur liberté religieuse en les obligeant à transgresser la loi divine du repos dominical, s'il introduisait dans son établissement des conditions de travail, des coutumes incompatibles avec la moralité.

Comment doit s'établir le contrat de travail ?

Pour présenter toutes les garanties, le contrat de travail ne devrait s'établir qu'après une discussion où patron et ouvrier, traitant d'homme à homme, c'est-à-dire d'égal à égal, auraient librement présenté leurs conditions et librement défendu leurs intérêts respectifs.

De quelle égalité s'agit-il entre patron et ouvrier ?

Il s'agit de l'égalité *contractuelle*.

Au moment où le patron et l'ouvrier discutent le contrat de travail ils ont des droits égaux, parce qu'ils ont à régler entre eux une question de justice stricte, devant laquelle toute inégalité de condition doit s'effacer.

Le contrat formé, il y aura subordination entre le patron et l'ouvrier; il y aura donc un chef et un subordonné; l'un commandera et l'autre devra obéir, bien entendu dans les limites fixées par les clauses expresses ou tacites du contrat; mais cette inégalité cessera dès qu'il s'agira de renouveler ou de modifier d'un commun accord les clauses du dit contrat : au cours de ce débat, il n'y a encore ni inférieur, ni supérieur, mais, en présence, deux hommes égaux en droits.

Pratiquement, le contrat de travail s'établit-il selon les principes posés plus haut?

Oui, en général, dans la petite industrie, le petit commerce, le service domestique; le petit patron qui embauche un ouvrier, un employé, discute personnellement avec lui et d'égal à égal les conditions du contrat.

Dans la grande industrie, cette liberté de discussion est pratiquement impossible. Le patron, qui est souvent une Société anonyme, emploie des centaines ou des milliers d'ouvriers. Comme il n'est pas possible de régler avec chacun d'eux personnellement les conditions du travail, un contrat-type est établi qui est proposé à tout travailleur demandant à s'embaucher. C'est, comme on dit, à prendre ou à laisser.

Si les conditions offertes lui paraissent largement suffisantes, l'ouvrier accepte, et cette adhésion se passe de discussion. Donnée librement et sans arrière-pensée, non seulement elle sert de base à un contrat vraiment juste, mais elle inaugure, entre les contractants, une ère de confiance et de bonne entente.

Si les conditions proposées sont, de fait, insuffisantes

à faire vivre l'ouvrier sobre et honnête, il est bien évident que, celui-ci les eût-il acceptées, elles ne pourront jamais donner lieu à un contrat qui soit juste, bien moins encore à une entente pacifique et durable.

Reste le cas où les conditions du contrat-type étant, à la rigueur, suffisantes au minimum vital de l'ouvrier, celui-ci les estimerait raisonnablement inférieures à la valeur de son travail. Dans ce cas, dira-t-on, il reste libre de refuser, mais cette liberté n'est que théorique : manquant d'avances, il a un besoin immédiat de salaire, alors que l'employeur n'a pas, d'ordinaire, un besoin immédiat de ses services. Aurait-il la ressource d'aller frapper à une porte voisine, qu'il n'en serait pas plus avancé : à cette porte voisine, on ne lui ferait probablement pas des propositions plus avantageuses. Il acceptera donc, mais à contre-cœur et dans le secret espoir de voir reviser un jour ce contrat qui le sous-estime. Et voilà semé un germe de discorde qui, multiplié par cent ou par mille dans l'enceinte d'une même usine, y tuera l'esprit de concorde.

Comment rendre à la discussion du contrat les garanties nécessaires?

Puisqu'on ne peut raisonnablement exiger du patron qu'il entre en discussion et tombe d'accord avec chacun de ses nombreux ouvriers et employés, on tournera la difficulté en remplaçant ces centaines ou ces milliers de discussions et d'accords individuels par un débat unique entre le patron et les *délégués* du personnel. L'objet de l'accord sera, précisément, le contrat-type établi jusque-là par le patron seul.

Si les délégués du personnel sont des gens doués d'un sens droit et de la compétence économique nécessaire, ils mèneront certainement la négociation à bonne fin.

Le contrat-type qui sortira de la discussion s'appellera *contrat collectif*.

Qu'entendez-vous par **contrat collectif**?

C'est un contrat relatif aux conditions du travail conclu entre, *d'une part*, les représentants d'un syndicat professionnel ou de tout autre groupement d'employés, et *d'autre part*, les représentants d'un syndicat professionnel ou de tout autre groupement d'employeurs ou plusieurs employeurs contractant à titre personnel, ou même un seul employeur.

Il détermine les engagements pris par chacune des parties envers l'autre partie et, notamment, certaines conditions auxquelles doivent satisfaire les contrats de travail individuels ou d'équipe que les contractants passent, soit entre eux soit avec des tiers, pour le genre de travail qui fait l'objet de la convention.

On dit de ce contrat qu'il est *collectif*, parce qu'il s'applique à un ensemble ou collectivité d'employés et souvent à une collectivité d'employeurs.

Il tend, de sa nature, à s'appliquer à tous les établissements d'une même profession et d'une même région et à devenir la loi des rapports professionnels entre syndicats patronaux et ouvriers. C'est un bon instrument d'ordre et de concorde.

La loi du 25 mars 1919 (*J. off.*, 28 mars) en a fixé l'armature juridique.

Dans l'organisation corporative, à qui revient la charge d'établir le contrat collectif?

A la Commission mixte.

Qu'est-ce que la Commission mixte?

C'est la réunion des représentants ou délégués des syndicats patronaux et des syndicats ouvriers appartenant à une même profession. Les Commissions mixtes peuvent être ou nationales, ou régionales, ou locales, ou spéciales à un établissement, une entreprise.

Que fait la Commission mixte?

Elle met en contact et en communication permanente les employeurs et les employés; elle élabore, rédige et signe les contrats collectifs qu'elle a soin de tenir à jour au moyen de retouches, d'améliorations successives, afin d'écarter, autant que possible, toute cause de mécontentement, tout danger de conflit.

Elle est la soupape de sûreté de la grande machine du travail.

Si, malgré son esprit de prévoyance et de conciliation, elle n'avait pu empêcher un conflit, une grève, du moins elle serait là pour organiser, entre les parties en lutte, un arbitrage qui ramènerait la paix.

C'est, en définitive, sur la Commission mixte que, dans une industrie donnée, repose la paix sociale.

S'il existait partout des Commissions mixtes remplissant leur fonction avec une conscience éclairée, la concorde régnerait entre le Capital et le Travail, les réformes se feraient les unes après les autres sans arrêt et sans heurt, à la satisfaction de tous, car elles se feraient par voie contractuelle, au moyen d'ententes amiables.

Il y aura souvent avantage pour les patrons à faire connaître aux délégués ouvriers les conditions commerciales de l'entreprise. Mis en présence des faits économiques, des difficultés créées par la concurrence, les délégués se formeront un tempérament réaliste très utile à l'harmonie des rapports.

Quels sont les avantages du contrat collectif?

Réglant avec précision et pour une période déterminée toutes les conditions du travail, il organise la permanence des engagements et crée ainsi une stabilité qui est très favorable au développement de l'industrie.

Dorénavant, le patron établira avec moins d'incertitude ses prix de revient : il sait, en effet, exactement ce qu'il déboursera en salaires. Quant aux ouvriers, ils n'auront plus à craindre des changements imprévus dans leurs conditions de travail, par exemple, une réduction de salaire.

Tout étant bien défini, bien réglé, patrons et ouvriers ne vivront plus sous la menace d'un conflit; la grande misère des grèves sera écartée.

Si le contrat collectif est accepté et signé par les syndicats patronaux et ouvriers d'une profession dans toute une région, il offre le grand avantage de réduire la concurrence à de plus justes proportions. Les salaires étant unifiés, les ouvriers ne se disputeront pas le travail à coups de rabais et les patrons ne se feront plus la guerre entre eux aux frais des ouvriers.

Le contrat collectif est un instrument de concorde entre patrons et ouvriers, parce qu'il donne des bases justes et fermes à la collaboration du capital et du travail.

La concorde est-elle possible entre patrons et ouvriers? N'ont-ils pas des intérêts foncièrement opposés?

Entre patrons et ouvriers, il n'est aucune opposition *foncière* d'intérêts ; il y a, au contraire, une solidarité profonde des intérêts, parce que le sort du patron et le sort des ouvriers sont intimement liés au sort de l'industrie qui les fait vivre tous.

On l'a dit très bien : Capital et Travail sont comme les deux lames des ciseaux : l'une ne peut couper sans l'autre.

Que l'industrie marche bien, le patron fait de beaux profits : il est donc en état de payer de bons salaires à ses ouvriers.

Que l'industrie marche médiocrement, le patron gagne peu et le voilà bien tenté de réduire les salaires.

Que l'industrie marche mal, le patron fait faillite ou ferme son établissement... et voilà les ouvriers sur le pavé...

Quand la source du profit patronal s'épuise, la source du salaire tarit: les deux n'en font qu'une. Les ouvriers ont donc grand intérêt à la prospérité de leur industrie; ils doivent désirer que leur patron gagne de l'argent; s'il en gagne, il agrandira son entreprise ou en organisera d'autres, et, la main-d'œuvre étant plus demandée, les salaires hausseront.

La *lutte des classes* entre patrons et ouvriers, grand dada des socialistes, est, à tout le moins, une grande erreur économique et sociale : elle n'aboutirait qu'à ruiner les ouvriers en ruinant les patrons.

Malgré la solidarité foncière qui unit patrons et ouvriers, n'y a-t-il pas un certain antagonisme d'intérêts qui les sépare?

Si, patrons et ouvriers ont des intérêts primordiaux communs, ils ont aussi des intérêts d'ordre secondaire divergents : cette divergence d'intérêts se manifeste dans la discussion du contrat de travail. Bien que le travail de l'ouvrier ne soit pas un article de commerce, une marchandise quelconque, mais l'opération d'un être raisonnable créé à l'image de Dieu, il subit par la force des choses, comme les marchandises ordinaires, certaines fluctuations de prix : cela tient à notre régime économique de libre concurrence, au jeu de la loi naturelle de l'offre et de la demande.

Alors que l'ouvrier a intérêt à vendre son travail au plus haut prix, le patron a intérêt à l'acheter au plus bas prix. Les concurrents le serrant de près, le patron est, en effet, poussé à réduire le plus possible ses frais généraux. Mais, c'est ici précisément qu'intervient le syndicat — ou plutôt la Commission mixte — pour maintenir le prix du travail à un taux convenable en conciliant les intérêts divergents du patron et des ouvriers, dans un *juste contrat de travail*.

Qu'est-ce qu'un juste contrat de travail?

C'est le contrat, individuel ou collectif, qui, en échange d'un labeur consciencieux, assure aux ouvriers de justes conditions de travail et spécialement le juste salaire.

Qu'entendez-vous par juste salaire?

Le salaire pouvant se définir *le prix du travail loué et employé par un entrepreneur*, on conçoit qu'il sera d'autant plus juste que ces deux éléments *prix* et *travail* correspondront plus exactement l'un à l'autre.

Le juste salaire c'est, *pratiquement*, le salaire déclaré tel par la *conscience collective* des intéressés, c'est-à-dire par « l'estimation commune » des patrons et des ouvriers de la profession et de la région.

N'est donc pas nécessairement juste salaire, le salaire que fixeraient seuls les patrons, ni celui que fixeraient seuls les ouvriers. De là, la nécessité de recourir à la Commission mixte pour que les uns et les autres arrivent à s'entendre sur le taux du salaire; sa fixation doit être bilatérale et non unilatérale.

N'y a-t-il pas un minimum au-dessous duquel ne peut descendre cette estimation?

Si, car le travail humain n'est pas une marchandise; il a une valeur propre, indépendante de l'offre et de la demande : une loi de justice s'impose à la volonté des contractants : « c'est, à savoir, que le salaire ne doit pas être insuffisant à faire subsister l'ouvrier sobre et honnête. » On appelle le salaire minimum, ainsi défini, *salaire vital.*

Le salaire ne devrait-il pas être proportionné aux charges de famille, c'est-à-dire calculé d'après le nombre des enfants de l'ouvrier?

Rien ne répond mieux assurément aux exigences de l'ordre social et de l'intérêt général, mais on ne peut exiger cela en justice stricte.

En effet, le travail fourni par un ouvrier père d'une nombreuse famille ne vaut pas plus, en soi, pour le patron, que le travail fourni par un ouvrier célibataire.
Du reste, à vouloir imposer le salaire familial proportionnel, on se heurterait aux plus grosses difficultés et l'on aboutirait à des mécomptes. Que se passerait-il?

Les célibataires ou les ouvriers à fils unique trouveraient seuls à s'embaucher; les ouvriers pères de familles nombreuses resteraient sur le pavé. Le patron charitable qui consentirait à occuper ces derniers, ayant à payer des salaires plus élevés que ses concurrents, serait vite distancé par eux et ruiné.

Le problème est d'autant plus intéressant qu'il importe d'encourager aujourd'hui de toutes manières les familles nombreuses. En fait, leur situation économique est peu enviable.

D'autre part, il est sûr que les employeurs en général sont tenus, par une loi d'honnêteté naturelle, de ménager à la classe ouvrière qu'ils emploient un salaire qui lui permette de vivre en famille et de se perpétuer.

Ce sera le devoir de la Commission mixte de résoudre le problème au moyen du contrat collectif, car en dehors d'une entente interpatronale, nous n'apercevons pas de solution.

En certaines professions on a adopté le système suivant :

Les patrons payent indistinctement à tous leurs ouvriers le salaire de base, fixé d'un commun accord par la Commission mixte, puis, selon les charges de famille, une allocation complémentaire variable. Cette allocation complémentaire ne vient pas directement de la caisse du patron; elle sort d'une caisse commune — appelée parfois *Caisse de compensation* — qu'alimentent tous les employeurs au moyen de versements proportionnels au nombre des ouvriers employés par chacun d'eux ou, plus exactement, proportionnels au montant total des salaires déboursé par chacun d'eux.

Ainsi, la charge des allocations se répartit également entre tous les patrons de la profession, quelle que soit, d'ailleurs, la situation de famille de leurs ouvriers; l'égalité devant la concurrence est rétablie : nul d'entre eux n'a donc intérêt à évincer les pères de familles nombreuses et à n'embaucher que des célibataires.

Comment défendre les allocations familiales contre les socialistes qui disent : « A travail égal, salaire égal » ?

Ces socialistes, en rejetant le principe des allocations familiales, se posent en ennemis de la famille et de la société.

Imbus des théories mortelles du malthusianisme sur la restriction des naissances, ils se font les tristes apôtres de la dépopulation, inconscients du tort grave qu'ils causent au pays et à la classe ouvrière elle-même.

En tarissant les sources de la vie, ils font peu à peu le vide autour de nos industries, qui, faute de main-d'œuvre, ne manqueront pas de disparaître ou seront obligées de recourir à des étrangers. A ce jeu on ne voit pas ce que peuvent gagner les ouvriers français, mais on voit bien ce qu'ils risquent de perdre.

« A travail égal, salaire égal !... » C'est très juste, mais il est une autre formule non moins juste : « A services inégaux, rémunérations inégales. »

L'ouvrier, père de plusieurs enfants, a une valeur sociale supérieure à celle de l'ouvrier célibataire ou marié sans enfants. En élevant des enfants, il ne donne pas seulement des citoyens au pays et des défenseurs à la patrie, il rend à l'industrie le grand service de lui assurer les travailleurs de demain, travailleurs qui auront la tradition du métier, ce « tour de main » professionnel dû à l'hérédité.

Par les allocations familiales, le patronat ne fait, en somme, que payer une prime d'assurance garantissant contre le risque de manque de main-d'œuvre dans l'avenir, c'est-à-dire contre le risque d'un arrêt de la production.

Arguer de la formule « à travail égal salaire égal » contre les allocations familiales, c'est frapper dans le vide. *L'allocation n'est pas un salaire* et ne rentre à aucun titre dans le salaire : elle n'est pas, en effet, le prix d'un *travail;* elle est la rémunération d'un *service spécial* d'une nature toute différente, service analogue à celui que vous rend un assureur en garantissant vos biens, par exemple, contre le risque d'incendie.

Il ressort de là que les socialistes disent une sottise en prétendant que l'allocation familiale — ou, comme on l'appelle quelquefois, le « sursalaire » familial — est une aumône humiliante.

Qu'entendez-vous par justes conditions de travail?

On entend par là, en plus du juste salaire, une durée raisonnable du travail, des garanties de sécurité matérielle et de sécurité morale.

La journée de travail sera d'une durée raisonnable; elle n'obligera pas l'ouvrier, surtout l'ouvrière et le jeune apprenti, à des efforts excédant la mesure de leurs forces.

Le repos du dimanche sera respecté. Le droit à ce repos doit être la condition expresse ou tacite de tout contrat de travail, sans quoi le contrat ne serait pas honnête; le patron ne peut exiger et l'ouvrier ne peut promettre la violation d'un devoir de l'homme envers Dieu.

La « semaine anglaise », ou cessation du travail, le samedi après-midi, sera très légitimement demandée et inscrite au contrat; car, en bien des cas, surtout pour les ouvrières et les employées, le repos dominical ne saurait être effectif sans ce repos supplémentaire.

La sécurité matérielle et l'hygiène devront être assurées dans toute la mesure compatible avec la nature de l'industrie; les lois de protection ouvrière seront observées.

Le contrat qui obligerait l'ouvrier ou l'ouvrière à violer les règles de la morale ne serait pas un juste contrat. Le respect de la moralité est une des conditions tacites du contrat de travail.

Les ouvriers ont-ils le droit de discuter avec le patron indistinctement toute question relative au travail industriel ?

Non, certaines questions sont exclusivement réservées au patron, parce qu'il est le propriétaire ou du moins le directeur responsable; mais les ouvriers gardent le droit de discuter avec lui, par eux-mêmes ou par l'intermédiaire de leurs délégués, toutes les questions relatives au salaire, à la durée du travail quotidien, au temps du travail (travail de jour ou travail de nuit), au repos hebdomadaire et à la semaine anglaise, aux congés, à l'hygiène des ateliers, à la sécurité matérielle, à la moralité, à l'observation des lois de protection ouvrière et d'assurances.....

Hors de là, rien n'empêche les délégués ouvriers à la Commission mixte de présenter des vœux, de proposer, par exemple, des améliorations techniques concernant l'outillage ou l'organisation elle-même du travail, afin d'assurer un meilleur rendement.

La Commission mixte ouvre aux perfectionnements techniques comme aux réformes sociales les plus larges perspectives.

Ne peut-on pas souhaiter des améliorations au statut même du travail, c'est-à-dire une transformation du régime du salariat ?

Dans le domaine théorique — et, dans le domaine pratique, s'il s'agit d'une société vraiment chrétienne, — le régime du salariat est parfaitement conciliable avec la justice et la sauvegarde des droits de l'ouvrier. En fait, dans nos sociétés paganisées, étant donné la morale régnante (morale de l'intérêt) et aussi la désorganisation corporative du travail, la carence d'une législation sociale répondant aux besoins, il présente plusieurs graves inconvénients :

1° Il se prête trop aisément, comme on l'a vu pendant le dix-neuvième siècle, aux abus du capitalisme, lequel n'est que trop porté à méconnaître la dignité humaine du travailleur et à ne traiter le travail que comme une marchandise ordinaire ;

2° Il tend à diminuer la production, en brisant chez le salarié le ressort intérieur de l'intérêt personnel : en effet, que l'ouvrier travaille beaucoup ou peu, qu'il travaille bien ou mal, il ne gagne d'ordinaire ni plus ni moins; s'il s'abandonne à la loi du moindre effort, rien d'étonnant ;

3° Il tend à diviser, alors que le travail devrait les unir harmonieusement, la classe patronale et la classe ouvrière, en créant un antagonisme d'intérêts, et cela au détriment de la paix sociale. Nous voyons en effet les employeurs et les employés s'organiser en syndicats pour une lutte à outrance; nous voyons les grèves et les lock-out se multiplier, les haines s'accumuler.

C'est à la sagesse des *Commissions mixtes* de trouver s'il est possible — dans une discussion pacifique et cordiale — le moyen de corriger les inconvénients signalés, en intéressant les ouvriers à la production par un mode pratique de participation aux bénéfices, de participation à la propriété et à la gestion des entreprises.

Mais, dans la discussion de ces délicates questions, les ouvriers doivent se rendre compte qu'une grande prudence est nécessaire.

Pour élever la situation des travailleurs il ne faut pas compromettre l'ordre et la discipline indispensables à la production. Si chacun prétend commander, à l'usine, ce sera aussitôt l'anarchie et le désordre et bientôt la ruine totale de l'industrie. Une autorité sera toujours nécessaire pour la coordination des efforts humains qui tendent sans cesse à diverger.

Les réformes ne seront durables et fécondes que par le concours d'une élite ouvrière préoccupée de son éducation économique et de son perfectionnement moral. Plus cette élite s'élèvera, plus les réformes deviendront faciles, plus elles paraîtront naturelles et nécessaires aux regards de tous.

Les socialistes, en faussant la science sociale et en faisant appel aux passions, à la haine de classes et aux bas appétits, retardent l'évolution du salariat vers un régime plus fraternel. L'égalité qu'ils réclament n'est pas dans la nature — physiquement, intellectuellement, moralement, les hommes diffèrent les uns des autres — l'égalité ne peut donc être dans la société. Il faut prendre son parti chrétiennement de certaines *réalités*, et, sur ce terrain solide, non sur le sable fuyant des illusions, baser les réformes sociales.

Les ouvriers n'ont-ils pas intérêt à restreindre la production?

Les meneurs socialistes l'ont dit, mais ils ont dit une absurdité. Les naïfs qui, dupés par eux, multiplient les grèves à tort et à travers, perdent savamment le temps, diminuent le rendement, pratiquent le « freinage » de la production, sous prétexte que toute intensification du travail comporte nécessairement une exploitation des travailleurs, n'aboutissent qu'à ce beau résultat de provoquer un renchérissement général de la vie.

Produisant moins et dans des conditions plus coûteuses, les industriels sont obligés de vendre plus cher leurs marchandises. Ce sont donc les consommateurs qui subissent les conséquences du freinage ; mais, comme les ouvriers forment la masse des consommateurs... tirez la conclusion : ce sont eux surtout qui pâtissent. Pour faire du mal aux patrons, les socialistes, — si on les écoutait, — plongeraient les travailleurs dans la misère.

Sans production intense, pas de progrès matériel, pas de prospérité économique, pas de bien-être assuré pour l'ouvrier.

La devise des travailleurs intelligents qui rêvent d'un sort meilleur devrait être ce simple mot : Produire! Plus ils produiront, plus le prix des marchandises baissera, plus les salaires monteront : double bénéfice!

Toute augmentation de salaire et toute diminution des heures de travail garantissent-elles une augmentation de bien-être pour la classe ouvrière?

Il faut bien comprendre cette vérité économique que la question du bien-être matériel est liée de façon indissoluble à la question fondamentale de la production. En d'autres termes, le bien-être dépend non pas du chiffre du salaire, mais de l'abondance et du bon marché des denrées et marchandises. Mieux vaut un salaire de 5 francs si tout est à bas prix, parce que tout abonde, qu'un salaire de 20 francs si tout est à des prix inabordables, parce que tout manque.

Il faut souhaiter une réduction des heures de travail ; mais, voyons-en les conséquences : Supposons que tout d'un coup, en France, les heures de travail soient diminuées inconsidérément pour toute la classe ouvrière : quel sera le résultat? Le résultat sera une diminution de la production, donc, d'une façon générale, on devra payer tout plus cher.

Il faut souhaiter en même temps, dit-on, une augmentation des salaires; mais, voyons-en également les conséquences : Supposons que les ouvriers et les employés français reçoivent chacun 100 francs par mois de salaire supplémentaire. Quel sera le résultat? Le résultat sera que les centaines de millions, jetés ainsi dans la circulation, donneront à des milliers de familles ouvrières la possibilité de multiplier leurs achats. Voilà donc un plus grand nombre d'acheteurs sur le marché. Comme ils se disputeront des marchandises déjà raréfiées et chères par suite de la diminution générale des heures de travail, il se produira sur tous les objets une hausse rapide : la hausse des prix se produit toujours quand la demande d'une marchandise faite par les acheteurs dépasse l'offre de cette même marchandise faite par les vendeurs. Ainsi, pratiquement, les 100 francs d'augmentation de salaire mensuel contribueraient, bien moins qu'on imagine, au mieux-être de la classe ouvrière.

Puisque ce mieux-être matériel dépend de l'accroissement de la production générale, il faut, de toute nécessité, si l'on réduit les heures de travail, trouver le moyen non seulement de maintenir le niveau ancien de la production, mais de l'élever de telle sorte que les approvisionnements du pays soient en état de satisfaire largement à tous les besoins.

Si le moyen d'en arriver là ne se trouve pas, les courtes journées de travail, même avec les plus hauts salaires, — surtout avec de hauts salaires, — ne seront qu'une immense duperie.

Grâce à Dieu, le moyen de tout concilier existe.

Nous pouvons avoir les journées courtes, les

hauts salaires et une véritable augmentation du bien-être matériel à deux conditions :

1° A la condition que les industriels et les agriculteurs perfectionnent leur outillage, leur machinisme et la technique du travail. Il faut obtenir de la machine un meilleur rendement. Mais il ne faut pas s'illusionner : on ne transformera pas du jour au lendemain, surtout dans une période où tout manque, l'outillage d'un grand pays. Donc, un peu de patience ;

2° A la condition que les ouvriers compenseront la réduction des heures de travail, non par un surmenage condamnable, mais par un labeur plus méthodique, plus attentif, plus consciencieux : il faut qu'ils consentent, sur certains points, à des changements d'habitudes et d'idées pour s'adapter aux nouvelles méthodes de travail.

Telle est la vérité : hors de là, tout est bavardage de journaliste ou flagornerie de meneur socialiste qui exploite la crédulité humaine.

Qu'est-ce que l'organisation scientifique du travail?

L'usine où le travail est organisé scientifiquement est une usine où le machinisme est si bien adapté à la production, où les efforts et les mouvements de l'ouvrier sont si bien calculés et réglés que toute perte de temps, tout gaspillage des matières, toute fatigue inutile de l'homme sont supprimés.

L'organisation scientifique a pour but d'obtenir le maximum de production — avec le minimum d'effort soit de la machine, soit de l'homme, — dans le minimum de temps.

Le caractère *scientifique* de la méthode est une garantie contre le surmenage des ouvriers : il serait antiscientifique de les user par une fatigue excessive. C'est pourquoi un médecin expert ou hygiéniste définit et délimite la dépense de forces qu'on peut légitimement exiger d'un travailleur.

Le système repose sur les calculs d'un spécialiste appelé quelquefois chronométreur. Le chronométreur, après des expériences faites sur un certain nombre d'ouvriers, détermine la tâche horaire ou journalière de chaque catégorie de travailleurs. Il devra posséder une bonne formation scientifique, afin d'éviter toute erreur de calcul, la quantité du travail ne devant nuire ni à la qualité, ni à la santé de l'ouvrier.

L'opération du chronométrage inspirera toute confiance aux ouvriers si elle est contrôlée non seulement par l'hygiéniste expert, mais aussi par un délégué ouvrier compétent, lequel pourra être un délégué syndical.

L'organisation scientifique n'élimine-t-elle pas les ouvriers incapables ou moins capables?

Durant un certain nombre d'années, elle risque, en effet, d'éliminer, comme incapables de s'adapter à un travail scientifiquement réglé, des ouvriers âgés ou naturellement maladroits. Mais, appliquée dès l'apprentissage, elle permettra aux jeunes gens de se classer selon leurs aptitudes réelles et de s'orienter vers la profession où ils auront le plus de chance de réussir. Pendant la période de transition, il conviendra donc d'appliquer le nouveau système avec prudence et avec tact, de manière à ménager les situations acquises et les susceptibilités légitimes.

C'est l'affaire de la Commission mixte de fixer, dans le contrat collectif, les conditions d'application de la nouvelle méthode de travail et d'indiquer les compensations qui devraient être accordées aux ouvriers éliminés.

L'organisation scientifique ne sera-t-elle pas une cause de surproduction et, par conséquent, de chômage ?

La surproduction n'est pas à craindre pour de longues années, puisque, à la suite de la guerre, l'humanité manque de tout.

La capacité d'absorption d'un pays civilisé est presque infinie : les bas prix qu'amènera une production abondante favoriseront une consommation de plus en plus large. Il y aurait peut-être surproduction si, tout d'un coup, toutes les industries adoptaient le système intégral; mais les choses ne se passeront pas ainsi; la méthode ne sera introduite que lentement : aucune perturbation n'est à craindre.

Pour les mêmes raisons, le chômage non plus n'est pas à craindre. L'introduction du machinisme fit jadis redouter le chômage; il augmenta, au contraire, démesurément, la demande de main-d'œuvre. Il en ira de même de la nouvelle organisation : si la production s'accroît, des besoins nouveaux se feront jour, qui réclameront des travailleurs; l'histoire économique est là pour le démontrer.

En 1840, il y avait 5.000 tisserands à Manchester; ils crurent que l'introduction des métiers mécaniques leur ôterait leur pain... Comme ils se trompaient! il y a maintenant 265.000 tisserands à Manchester.

Quels sont, pour l'ouvrier, les avantages d'une organisation scientifique?

1o Elle favorise la hausse des salaires : la production étant augmentée, le patron gagne davantage : les salaires montent nécessairement avec le profit;

2o Elle diminue le coût de la vie : plus il y a de marchandises sur le marché, plus leur prix baisse. Comme consommateurs, les ouvriers reçoivent, d'une manière détournée, une autre part des bénéfices réalisés par la méthode scientifique. En effet, s'ils achètent tout moins cher, grâce à l'abondance des marchandises, ils peuvent accroître leurs économies ou se procurer des satisfactions plus larges;

3° Elle permet de réduire les heures de travail : si l'usine produit, par exemple, en huit heures autant qu'elle produisait en dix heures, on peut réduire la journée et maintenir cependant une forte production;

4o Elle donne à l'ouvrier des loisirs plus étendus, facilite la vie familiale, sociale et religieuse, l'éducation technique, la culture de l'esprit.

En résumé, le système nouveau substitue le régime scientifique au régime arbitraire et empirique. Sous ce régime, patrons et ouvriers obéissent aux lois d'une science nouvelle qui, plus développée, sera une sorte de physique du travail, devant laquelle chacun devra s'incliner.

Ce régime scientifique est une garantie d'union et de concorde entre patrons et ouvriers.

De fait, la nouveauté vraiment originale du système ne consiste pas dans cet appel à la science; c'était, depuis plus de cent ans, la caractéristique de la révolution industrielle qui a inauguré *l'âge de la machine*. Ce qui caractérise le système, c'est d'avoir poussé cette application des données scientifiques jusqu'aux détails de production, en apparence les plus infimes; et cela, pour cette raison nouvelle que ces détails ne sont infimes qu'en apparence, qu'en réalité ils constituent des éléments capitaux de la production.

Il enferme donc un *esprit*, esprit d'organisation minutieuse, méthodique, rationnelle, esprit perpétuellement attentif à supprimer tout gaspillage, tout effort improductif, toute dispersion si minime qu'elle soit, afin de porter le rendement au maximum.

C'est cet esprit surtout qui importe. A condition qu'il sache se réaliser avec tact, gardant bien nette la distinction entre l'homme et la machine, entre l'outil et la main qui s'en sert, réglant les mouvements du corps, mais sans oublier les exigences de l'âme, il aidera puissamment à résoudre le redoutable problème d'après-guerre que posent, d'une part, l'urgence d'une production intensive, et, d'autre part, la rareté et le haut prix de la main-d'œuvre.

Qu'est-ce que le taylorisme ?

C'est un ensemble de méthodes d'organisation industrielle proposées par l'ingénieur américain Taylor, un des principaux promoteurs de l'organisation scientifique du travail.

Ces nouvelles méthodes sont discutables et ne peuvent être appliquées partout sans subir d'importantes modifications.

Le contrat de travail oblige-t-il en conscience?

Oui, le patron et les ouvriers sont obligés en conscience d'observer les clauses du contrat de travail, que le contrat soit individuel ou collectif.

Les syndiqués devront se défier de l'esprit individualiste par lequel nous sommes portés à ne voir que notre droit et à méconnaître celui des autres. Ils se feront donc un point d'honneur de tenir leurs engagements. Y manquer, ce n'est pas seulement violer la justice; c'est rendre à peu près impossible tout contrat nouveau dans l'avenir, par conséquent, c'est désorganiser l'industrie à laquelle on appartient, c'est, en fin de compte, se préparer et s'infliger à soi-même des privations et des souffrances, en préparer et en infliger aux camarades de la profession.

Le syndicat doit se faire le gardien de l'honneur professionnel : il inculquera à ses membres le respect des engagements pris, une fidélité scrupuleuse aux conventions. Chacun reste libre jusqu'à la signature du contrat, mais, le contrat une fois signé, il faut tenir parole. Se dérober à ses engagements est une malhonnêteté.

III

LA GRÈVE

Qu'est-ce que la grève?

C'est une interruption concertée du travail, qui a pour but de peser sur la volonté du patron et de l'obliger à consentir certaines améliorations dans les conditions du travail.

Faire grève, c'est donc, en réalité, recourir à la force.

Toutefois, ce recours peut être légitime si la grève est déclarée dans certaines conditions, pour un motif raisonnable et suffisant.

Normalement, les ouvriers qui se mettent en grève doivent observer les délais de préavis fixés pour la dénonciation du contrat de travail. Dans certains cas cependant, lorsqu'ils sont victimes d'une injustice, les ouvriers peuvent déclarer brusquement la grève : ils ne font alors qu'user d'une juste liberté fondée sur le droit naturel de légitime défense.

Qu'est-ce que le lock-out?

C'est une grève de patrons qui s'entendent pour exclure temporairement les ouvriers de leurs usines, ateliers ou chantiers, afin de les contraindre à accepter certaines conditions de travail.

Dans quelles conditions la grève est-elle permise?

Faire grève, c'est recourir à la force; mais, la force ne doit se mettre qu'au service du droit.

Pour que la grève soit permise :

1º Il faut un *motif légitime* : ·l s'agira d'obliger le

patron à réparer une injustice, par exemple à payer le juste salaire, ou bien, quand l'industrie sera particulièrement florissante, à donner une augmentation de salaire jugée raisonnable;

2º Il faut que le motif légitime soit *proportionné* aux sacrifices et misères que la grève entraînera : se mettre en grève pour une vétille, un passe-droit sans importance, serait pure folie;

3º Il faut que la grève ait des *chances sérieuses* d'aboutir : demander une augmentation de salaire quand les conditions économiques de l'industrie sont défavorables, quand les affaires vont mal, c'est moralement demander l'impossible;

4º Il faut, avant de cesser le travail, *épuiser tous les moyens de conciliation et d'arbitrage* : la grève ressemble à la guerre; on ne déclare la guerre qu'à la dernière extrémité, quand toutes les tentatives d'accord ont échoué.

Ces règles ne sont, comme on le voit, que des règles de bon sens.

Dans les grèves, peut-on recourir à la violence?

Non, la violence n'est permise ni contre les personnes, ni contre les choses. Il n'est jamais permis de faire le mal, même pour procurer le bien.

Le bris des machines, le sabotage du matériel ou des marchandises peuvent constituer une injustice grave; et d'ailleurs ces actes de sauvagerie ne portent pas seulement préjudice au patron : ils paralysent et ruinent l'industrie qui fait vivre les ouvriers. Tout le monde s'en ressentira parce que, la production étant diminuée, les marchandises seront plus rares et coûteront plus cher. La violence est incapable de créer quoi que ce soit : elle ne fait que détruire. Les révolutionnaires, qui comptent sur elle pour instaurer la société nouvelle de leurs rêves, n'aboutiraient qu'à plonger l'humanité dans la barbarie.

Dans les services d'utilité publique, la grève est-elle légitime?

Dans les services publics qui jouissent d'un monopole et ne sont pas soumis au régime de la libre concurrence — services de l'eau, du gaz, de l'électricité, des chemins de fer, des postes et télégraphes, etc., dont la continuité est indispensable — la grève ne saurait être légitime qu'à des conditions si strictes que, le plus souvent, elles équivalent à une interdiction ; car ici la grève aurait pour effet immédiat de paralyser, d'arrêter la vie sociale, et, par le fait, d'infliger injustement de graves dommages à des tiers innocents.

Une grève de Cheminots ou de Postiers, par exemple, n'atteindrait pas seulement les Compagnies de chemins de fer ou l'État-patron, mais la masse des citoyens totalement étrangers au conflit. Elle les frapperait dans leurs intérêts matériels, leur santé, leur vie elle-même, car un arrêt tant soit peu prolongé de services si indispensables aurait les plus graves et les plus diverses répercussions.

Pour compenser la privation du droit de grève, il faut qu'un statut légal donne aux employés des services d'utilité publique un moyen efficace de se défendre contre l'arbitraire et de faire aboutir leurs justes revendications. L'absence de statut est une provocation à la grève.

Les fonctionnaires de l'État ont-ils le droit de faire grève?

Les fonctionnaires de l'État, investis d'une part

de son autorité, ne sont pas assimilables aux salariés des industries privées : ils sont liés à la nation elle-même par un contrat spécial qui comporte des garanties particulières. S'ils se mettaient en grève, ils exposeraient la nation à un grave péril : l'ordre public, la sécurité générale dépendent de la continuité de leurs services.

Il va sans dire que les ouvriers des manufactures de l'État et nombre d'employés de certaines administrations ne sont pas, à proprement parler, des fonctionnaires : ils ne détiennent aucune part de l'autorité publique.

Comme pour les employés des services publics, il faut qu'un *statut spécial* donne aux fonctionnaires le moyen de faire entendre en haut lieu leurs desiderata et d'obtenir justice.

Les fonctionnaires ne doivent pas confondre droit d'association et droit de grève. C'est une erreur de les lier l'un à l'autre, comme si l'un ne s'entendait pas sans l'autre.

La grève politique est-elle permise ?

On appelle grève politique toute grève qui a pour but d'arracher au Gouvernement par voie d'intimidation le vote de lois ou l'adoption de mesures n'ayant aucun rapport direct avec les intérêts professionnels des grévistes.

Telles, en 1920, les grèves contre l'intervention des Alliés en Russie ou ailleurs, les grèves en faveur de certaines amnisties, en faveur de la nationalisation des chemins de fer, des mines, etc.; telles toutes les grèves dites révolutionnaires.

Les socialistes sont coutumiers de ce genre de grèves.

La grève est un moyen de défense économique et

professionnelle qu'on ne saurait utiliser pour d'autres fins sans troubler gravement l'ordre social. Elle est donc en soi une manifestation révolutionnaire, au même titre que les *pronunciamientos* militaires.

Pour faire aboutir leurs revendications politiques, les citoyens disposent de moyens appropriés reconnus par la Constitution : pétitionnements, élections périodiques à la Chambre et au Sénat, action de la Presse, meetings, etc.

Et la grève générale ?

La grève générale, qui figure au programme socialiste, consisterait dans la cessation simultanée du travail dans toutes les industries privées et tous les services publics ou simplement dans les industries et grands services qui sont les organes indispensables de la vie économique : par exemple, mines, transports, chemins de fer, etc. Attentat suprême contre l'État et la Nation, la grève générale causerait, par l'arrêt de la production et de la circulation, la paralysie du corps social ; elle provoquerait la famine et comme conséquence le pillage, l'incendie, le meurtre, la guerre civile.

Rêve insensé et criminel, la grève générale n'engendrerait que des œuvres de mort et la ruine générale.

Que faut-il penser des grèves en général ?

D'abord il faut se bien pénétrer de cette pensée que le recours à la grève n'est pas un de ces droits absolus que les travailleurs possèdent en toute hypothèse. Comme tout exercice du droit de légitime défense, c'est un pis aller, légitimé par les circonstances anormales du monde économique actuel où aucune institution n'existe qui puisse juger et apaiser les conflits du travail. Plus la profession s'organisera, sur ce point, et moins le recours à la grève gardera de raison d'être.

En attendant, malgré les avantages relatifs que les grèves procurent, il faut les regarder, en règle générale, comme un fléau que tous, patrons et ouvriers, doivent, pour leur part, s'efforcer de prévenir. Elles provoquent de longs chômages : certaines grèves ont duré des semaines et des mois; elles causent de grandes privations aux familles des ouvriers; elles arrêtent la production, paralysent les affaires et, en définitive, appauvrissent tout le monde, le patron, les ouvriers, le pays lui-même. Elles sont une des causes principales de la vie chère. Par-dessus tout, elles amassent des colères, des haines sociales, d'où naissent parfois des conflits sanglants.

Seule une production intense, en enrichissant le pays, permettra d'augmenter le bien-être matériel des travailleurs. Mais pour que la production soit intense, il faut que la concorde règne entre patrons et ouvriers; il faut qu'à la lutte des classes succède la *collaboration des classes*. Il faut, par conséquent, que, au lieu de recourir à la grève pour trancher les conflits du travail, on fasse appel au tribunal professionnel : tribunal arbitral désigné par la Commission mixte ou constitué par la législation.

Les patrons peuvent-ils se réjouir lorsqu'ils sont parvenus à forcer les ouvriers à reprendre le travail sans que les syndicats ouvriers aient vu triompher leurs revendications?

Nullement, si ces revendications étaient justes. Toute grève, même si elle aboutit à un échec des ouvriers, est désastreuse pour le patron. Elle introduit en effet dans la classe ouvrière des ferments de haine et de rancune qui produiront des fruits vénéneux.

Que faut-il penser des lock-out ?

Tout ce que nous avons dit des grèves s'applique par analogie aux *lock-out*. Le *lock-out* est une arme extrêmement dangereuse qui souvent cause à la société de grands maux.

Faut-il voir dans la conciliation et l'arbitrage organisés par la loi un danger pour la classe ouvrière ?

Non, mais plutôt une garantie de justice et de paix sociale profitable à tous.

La grève et le lock-out sont des survivances de l'anarchie et de la barbarie des âges primitifs. En ces temps reculés, il n'y avait pas encore de magistrats, de juges attitrés. Quand un différend surgissait entre deux particuliers, il leur paraissait tout naturel de le régler par un combat : c'était à coup de matraque ou par le tranchant des haches de silex que se liquidait l'affaire. Ainsi, le bon droit était à la merci de la force ou de la ruse.

Un grand progrès fut réalisé le jour où, parmi les peuples antiques, s'établit la première magistrature : les gens prirent peu à peu l'habitude de leur soumettre leurs querelles. Il y eut dès lors moins de coups donnés et reçus, moins de sang versé... — Aujourd'hui nous regarderions comme des fous ou des criminels les particuliers qui, au lieu de porter leurs différends devant le tribunal, prétendraient les régler à coups de fusil ou de browning. Il nous semble tout naturel de prendre les magistrats pour arbitres de nos procès.

Pourquoi l'immense progrès réalisé dans le domaine

des conflits privés ne se réaliserait-il pas dans celui des conflits collectifs ? Pourquoi ne pas substituer aux batailles épuisantes des grèves et des lock-out une procédure de conciliation et d'arbitage devant un tribunal composé de juges intègres, prudents, compétents ? Quelle économie l'on ferait de journées de travail et de salaires ! Les grèves causent de longs chômages, des pertes de salaires se chiffrant par de nombreux millions chaque mois. Surtout quelles garanties de justice ! Tandis que, dans la grève et le lock-out, c'est la force seule qui triomphe, devant le tribunal d'arbitrage le bon droit seul l'emporterait.

Les socialistes, en s'opposant à l'arbitrage dans les conflits du travail — arbitrage qu'ils admettent pourtant dans les conflits entre nations — restent les derniers tenants de l'anarchie et de la barbarie.

Mais l'organisation *légale* de l'arbitrage n'est pleinement acceptable que sous les conditions suivantes :

Il faut que les ouvriers ou employés de l'établissement où le conflit a lieu soient déclarés libres de se faire représenter devant la juridiction de conciliation et d'arbitrage par des mandataires de leur choix, même pris hors de l'établissement ; — que le syndicat reçoive le droit d'intervenir comme mandataire normal de ses adhérents ; — que la juridiction compétente, analogue à la juridiction prud'hommale, soit une juridiction stable, présentant toutes garanties ; — enfin, que, pour certaines affaires plus importantes, le droit d'appel soit réservé.

IV

SYNDICATS ET SYNDICATS

Dans une même profession, y a-t-il plusieurs syndicats?

Pour chaque centre ou région, il serait désirable qu'il n'y eût qu'un syndicat de patrons et un syndicat d'ouvriers de la profession, tenus en contact permanent par leur Commission mixte. Mais, en fait, on trouve souvent plusieurs syndicats patronaux et plusieurs syndicats ouvriers, par suite de divergences d'idées chez les patrons et chez les ouvriers. Puisque, finalement, toute organisation naît d'une idée, il est naturel que les uns et les autres se groupent selon leurs affinités de doctrine et de tendances, selon leurs aspirations sociales.

Dans un milieu où les divergences foncières d'idées n'existent pas pour justifier la séparation, l'unité de groupement s'impose, car la dispersion des forces serait une cause de faiblesse. Un particularisme étroit, aboutissant au séparatisme syndical, peut avoir, dans certaines circonstances, les conséquences les plus fâcheuses.

Tous les syndicats se valent-ils?

Non, tous les syndicats ne se valent pas. Le syndicat est une famille : la famille professionnelle. Nous savons que toutes les familles sont loin de se valoir : il y a syndicat et syndicat comme il y a famille et famille. Le syndicat vaut ce que valent

les principes qui l'inspirent et règlent sa conduite ;
on peut dire aussi qu'il vaut ce que valent ses
dirigeants.

On ne peut donc entrer dans n'importe quel syndicat ?

Certainement non. Il n'est pas permis en conscience d'entrer dans les syndicats qui battent en
brèche les principes de la religion et de la morale
et se livrent à une propagande antisociale : tels
sont les syndicats socialistes.

A quels signes reconnaître les syndicats socialistes ?

Bien qu'ils affichent souvent le principe de neutralité, ils combattent d'ordinaire, en pratique,
toute religion ; plus ou moins directement, ils attaquent le principe de la propriété privée ; — partisans de la lutte des classes et de la guerre sociale,
ils s'efforcent d'ameuter les employés contre les
employeurs, cherchant toujours ce qui divise,
jamais ce qui rapproche ; — ils multiplient les grèves, allant parfois jusqu'au sabotage, afin de ruiner
les patrons et de préparer la grève générale et simultanée de toutes les industries, qui, dans leur pensée, sera le prélude de la révolution finale.

Le signe distinctif des socialistes, c'est la haine ;
leurs discours, leurs écrits sont des appels à la haine ;
toute leur propagande tend à créer de la haine entre
les citoyens.

Les syndicats socialistes ne rendent-ils pas des services aux ouvriers ?

Ils ont rendu certainement des services en obtenant de meilleures conditions de travail, de plus
hauts salaires ; mais d'autres syndicats auraient

obtenu tout autant, même beaucoup plus, et, sûrement, ils n'auraient pas amoindri ces avantages par des pertes trop réelles. Car, ne l'oublions pas, les syndicats socialistes ont porté un grave préjudice indirect aux ouvriers en troublant l'industrie par des revendications intempestives, en l'appauvrissant par des grèves continuelles, en décourageant par la lutte des classes et les manifestations révolutionnaires la création d'industries nouvelles. Pour se développer, l'industrie a besoin de tranquillité, de confiance et de concorde.

Certaines pratiques d'avant-guerre, propagées par les meneurs socialistes, comme la *grève perlée*, le *freinage* ou restriction de la production journalière, le *sabotage* des matières premières, des marchandises ou de l'outillage, n'ont pas seulement infligé de lourdes pertes aux patrons; elles ont atteint, derrière eux, tous les ouvriers et la société tout entière, parce qu'elles ont causé la raréfaction des produits et amené un renchérissement général dont tout le monde a souffert.

Pendant qu'on écoutait chez nous les socialistes, la production allemande, anglaise, américaine montait sans cesse; nous étions écrasés par la concurrence étrangère; et comme les conditions du travail ne s'améliorent qu'en période de prospérité économique, la situation de l'ouvrier français demeurait étroite et gênée.

Les socialistes ont encore d'autres torts envers la classe ouvrière. Ils s'efforcent de maintenir les syndicats dans la pauvreté, de peur qu'un syndicat riche, en procurant trop d'avantages aux syndiqués, n'émousse leur esprit combatif, ne les détourne de la guerre sociale, ne les rende moins prompts à monter à l'assaut de la société quand sonnera l'heure de la révolution. Sous le fallacieux prétexte de préparer le bonheur de l'humanité future dans le paradis socialiste — qui sera plutôt un bagne — ils refusent aux ouvriers actuellement vivants la part des satisfactions terrestres que leur procurerait un syndicalisme bien administré. Il leur faut des ouvriers toujours mécontents, haineux, pour avoir des révoltés toujours sous pression, des révolutionnaires toujours prêts au « chambardement » qui sera, d'après eux, le prélude du régime communiste ou collectiviste.

A quel syndicat puis-je donc m'affilier?

Vous devez vous affilier à un syndicat qui, dans ses statuts et règlements, comme dans son action économique et sociale, observe les lois éternelles du droit, de la justice et les principes de la morale. Les syndicats professionnels à principes chrétiens présentent, à cet égard, toutes les garanties.

L'Église catholique approuve-t-elle les syndicats?

L'Église catholique a toujours approuvé et encouragé les associations professionnelles, à cause des grands services qu'elles peuvent rendre aux ouvriers, aux patrons et à l'ordre public; mais, elle les veut guidées par la morale chrétienne.

Bien avant la loi de 1884, dès 1878, le pape Léon XIII en recommandait la fondation; plus tard, il renouvelait cette recommandation, avec beaucoup d'insistance, dans la fameuse Encyclique *Rerum Novarum* sur la condition des ouvriers (1891). — Pie X n'a pas moins insisté que Léon XIII sur cette nécessité des associations professionnelles. — Benoît XV maintient, cela va sans dire, tous les enseignements de ses prédécesseurs. Ne disait-il pas dernièrement aux délégués des grandes organisations catholiques d'Italie : « Le cœur du Pape est avec ceux qui organisent les syndicats et avec ceux qui en font partie. » (3 mars 1919.)

Comment le syndicat sera-t-il chrétien?

Il le sera :

1° *Par l'esprit*, c'est-à-dire par les principes qui le dirigeront. Ces principes seront ceux de la doctrine sociale catholique, dont le document principal est l'Encyclique *Rerum Novarum* du pape Léon XIII, sur la *Condition des ouvriers*, publiée en 1891, document admiré de tous les chrétiens sans distinction et de tous les non-croyants sans parti pris, comme la grande Charte du travail.

2° *Par le recrutement :* Ne seront admis dans l'association que les candidats acceptant comme règle de leur conduite corporative la doctrine sociale chrétienne et si l'on veut une formule plus claire, quoique, en réalité, moins précise : Ne seront admis que les candidats décidés à respecter la *religion*, la *famille*, la *propriété*, la *patrie*, l'*union des classes*.

3° *Par les dirigeants :* Ne seront choisis, comme dirigeants et propagandistes, que des syndiqués intelligents et capables, pénétrés de la doctrine sociale chrétienne et conscients de leurs responsabilités.

Le syndicat professionnel, à principes chrétiens, ne se confond-il pas avec une association religieuse?

Non ; il est bien vraiment une association professionnelle, mais cette association professionnelle, au lieu des principes du matérialisme socialiste, prend comme règle de conduite les principes de la morale chrétienne.

Au lieu de poursuivre, comme les syndicats socialistes, la lutte des classes, c'est-à-dire l'écrasement d'une partie de la société par l'autre, les syndicats à principes chrétiens se distingueront par « un zèle éclairé pour la justice, par un souci constant de l'équité et par des dispositions bienveillantes à l'égard de toutes les classes de la société ».

Les principes chrétiens ne seront-ils pas une gêne?

Comment seraient-ils une gêne, puisqu'ils représentent le droit, la justice, l'équité, la charité; puisqu'ils garantissent l'honnêteté des contrats, le respect du bien d'autrui, le respect du travail et des travailleurs, des femmes et des enfants; puisqu'ils sont le meilleur antidote de l'égoïsme et nous font un devoir de l'aide mutuelle, de l'amour mutuel.

La doctrine sociale chrétienne admet-elle que le syndicat s'efforce d'améliorer le sort des travailleurs?

Certes oui! Pour vous en assurer, ouvrez l'Encyclique sur la *Condition des ouvriers :*

Elle dit qu'il faut « arracher les prolétaires à la misère et leur procurer un sort meilleur », « prendre les mesures voulues pour sauvegarder le salut et les intérêts de la classe ouvrière »; elle demande à l'État de s'intéresser aux travailleurs, afin « qu'ils puissent vivre au prix de moins de peines et de privations » ; elle veut que « la justice soit religieusement gardée » entre les classes.

Le but économique assigné par l'Encyclique aux syndicats et corporations est celui-ci :

Obtenir à leurs membres « *l'abondance matérielle* », « *l'accroissement le plus grand possible des biens du corps, de l'esprit et de la fortune* ».

Comme on le voit, rien n'est oublié dans ce magnifique programme.

« *L'accroissement des biens du corps* » : *qu'est-ce à dire ?*

Cela signifie : plus d'hygiène et de salubrité dans les ateliers ;

Sécurité plus grande dans le travail, ou meilleure protection contre les accidents ;

Organisation moins pénible du travail ;

Plus de loisir ; repos mieux distribués ; assurances ouvrières mieux organisées, etc., etc. ;

Plus de bien-être au foyer domestique, une vie plus large, moins de soucis matériels..., etc., etc.

« *L'accroissement des biens de l'esprit* » : *qu'est-ce à dire ?*

Cela signifie plus de facilités et de commodités :

Pour développer ses connaissances professionnelles et pour s'élever ainsi dans la hiérarchie de la production ;

Pour s'initier aux sciences et aux arts, entretenir en soi la vie intellectuelle ;

Pour se procurer de saines distractions ;

Pour vivre de la vie de famille à son foyer ;

Pour remplir ses devoirs de citoyen et vivre de la vie sociale.....

Pour se donner la culture morale et religieuse qui élève l'âme et la perfectionne.

« *L'accroissement des biens de la fortune* » : *qu'est-ce à dire ?*

Cela signifie : plus de justice dans le contrat de travail, une augmentation équitable des salaires, une répartition meilleure des bénéfices industriels ;

Une protection plus efficace de l'épargne ouvrière ;

Une sécurité plus grande pour le temps de la maladie, de l'invalidité ou de la vieillesse;

Une accession plus facile à la propriété.

Léon XIII voudrait, en effet, que tout ouvrier parvînt un jour à l'acquisition d'un patrimoine, devînt propriétaire de son foyer, de sa maison. Ce serait, dit-il, « la source des plus grands avantages et d'abord d'une répartition des biens certainement plus équitable ».

Léon XIII connaît et comprend les aspirations profondes de la nature humaine. Tout homme aspire à la possession d'un foyer, d'un coin de terre sur lequel il sera maître et roi ! Les socialistes qui ne veulent de propriété pour personne, si ce n'est pour l'État ou la collectivité impersonnelle, méconnaissent grossièrement le cœur humain.

Des syndiqués chrétiens ont-ils le droit de se mettre en grève?

Certainement; tant que n'existera aucune institution qui puisse protéger leurs intérêts légitimes, les ouvriers chrétiens ont, comme n'importe qui, le droit de se défendre quand ils subissent une injustice, quand on leur refuse obstinément une amélioration de leur sort qu'ils peuvent raisonnablement demander; dans certaines circonstances graves, ce droit peut devenir un devoir.

Les femmes ont-elles intérêt à se syndiquer?

Oui, les employées et ouvrières de toutes professions ont le plus grand intérêt à se syndiquer. Parce qu'elles sont faibles, inexpérimentées, elles risquent plus souvent que les hommes de voir méconnaître leurs droits ; les conditions de travail des ouvrières à domicile ne l'ont que trop prouvé !

Autre exemple : Il arrive, parfois, que pour le même

travail, travail aussi bien fait, la femme touche un salaire moindre que l'homme. C'est là un abus. A égalité de rendement dans le travail, le salaire doit être égal, quel que soit le sexe du travailleur. Un homme sain d'esprit a-t-il prétendu jamais payer moins cher la livre de pain chez la boulangère du coin que chez le boulanger d'en face ?

Comme femmes, elles ont donc des intérêts à défendre ; comme épouses et comme mères, elles en ont d'autres très importants.

Il faut, en effet, qu'elles obtiennent des conditions de travail compatibles avec les obligations du foyer, les devoirs de la vie de famille. Car, la place naturelle de la femme est au foyer : il est malheureux qu'elle soit obligée d'en sortir pour gagner sa vie...

Les ouvrières et employées ne devront pas accepter toujours intégralement la réglementation du travail établie pour les hommes. Un intérêt supérieur, l'intérêt familial et social, le demande, quelquefois même l'intérêt religieux. Comment la travailleuse observera-t-elle le repos dominical et pratiquera-t-elle sa religion si, occupée toute la semaine à l'atelier, elle n'a que son dimanche pour certains travaux indispensables : réparation des vêtements, lessive et blanchissage ? Elle devra donc s'efforcer de faire inscrire dans son contrat de travail la semaine anglaise ou repos du samedi soir. On pourrait donner d'autres exemples, signaler notamment l'intérêt qu'auraient les femmes et, avec elles, la famille, à de courtes journées de travail. Il est vrai que, sur ce point, la loi nouvelle du 23 avril 1919 (journée de huit heures) leur donne très ample satisfaction.

Les femmes ont aussi toute une législation protectrice à faire observer dans les ateliers et les magasins ; le syndicat, averti par les syndiquées de l'inobservation des lois sociales, agira par ses déléguées à la Commission mixte intersyndicale ou fera agir, s'il le faut, l'Inspecteur du travail.

Les femmes ont-elles avantage à se syndiquer dans des syndicats exclusivement féminins?

Réunies entre elles, les travailleuses se trouveront plus à l'aise; elles causeront plus librement de leurs affaires et de leurs intérêts, parfois distincts de ceux des hommes.

Groupées dans des syndicats des deux sexes, les femmes devraient d'ordinaire abandonner la gestion syndicale aux hommes; elles perdraient ainsi l'occasion et le moyen de s'initier à l'administration des affaires professionnelles. Or, il faut que, le jour où elles recevraient le droit de vote, elles soient en état de défendre, avec la compétence voulue, leurs intérêts matériels et moraux, les intérêts de la famille et du foyer.

Électrices et éligibles aux Conseils de Prud'hommes, les ouvrières et employées doivent se rendre capables de voter avec discernement et de faire honneur, le cas échéant, aux fonctions prud'hommales.

Le socialisme, le plus dangereux et le plus brutal ennemi de la femme, cherche à accaparer le mouvement syndical; il faut que les femmes apprennent à connaître cet ennemi et à se garder de ses embûches : l' « union libre » du programme socialiste serait leur déshonneur et leur malheur.

En tout cas, les syndicats d'ouvriers et d'ouvrières d'une même profession doivent se concerter en vue de la défense des légitimes intérêts communs.

Qu'entend-on par syndicats jaunes?

Aujourd'hui, on entend par là des syndicats ouvriers artificiellement constitués, à prix d'argent, pour empêcher les grèves ou pour assurer la continuation du travail en cas de grèves. Ce sont des syndicats de « briseurs de grèves ».

A l'occasion d'une grève de mineurs, à Montceau-les-Mines (1901), les grévistes ayant brisé les vitres du local où les non-grévistes se réunissaient, ceux-ci remplacèrent les carreaux par du papier *jaune* : de là l'origine de l'expression.

Qu'entend-on par syndicats neutres ?

On désigne par là des syndicats qui, pour ne déplaire à personne, ne veulent se réclamer *officiellement* d'aucune sociologie définie : — « Ni socialistes, ni confessionnels », telle est souvent la formule qu'ils affichent.

En rejetant comme principes directifs les principes socialistes, ils échappent, certes, à une emprise malsaine et funeste ; mais, en rejetant de même les principes chrétiens, ils se privent d'une protection morale particulièrement efficace.

Leur attitude serait évidemment légitime si les questions sociales et syndicales se maintenaient, comme le prétend l'École libérale, dans le domaine économique pur. Or, il n'en est pas ainsi : presque toutes ces questions — surtout les plus importantes — sont commandées par des principes de l'ordre moral d'où dépend leur solution, et dont il est impossible par conséquent de faire abstraction : telle, la question du salaire que ne saurait résoudre le seul jeu économique de la loi de l'offre et de la demande.

Le syndicat neutre est l'héritier direct de ce libéralisme économique qui n'a cessé, depuis un siècle et demi, de s'opposer, dans le domaine des affaires, du travail et de la production, à toute intervention des principes *moraux*. Nous savons à quelles souffrances cette neutralité a condamné ouvriers, ouvrières et enfants, durant une partie du dix-neuvième siècle.

Les défenseurs du syndicat neutre diront : « Si nous

n'adoptons pas officiellement la morale chrétienne comme doctrine dirigeante, nous prétendons, du moins, tenir fermement à la morale traditionnelle, à la morale acceptée par le Code et les honnêtes gens. »

Cette morale-là constitue assurément une garantie, mais combien précaire ! C'est une morale bien vague, bien accommodante, bien élastique. Elle peut déterminer, régler certains gestes extérieurs, mais elle n'agit qu'imparfaitement au fond des consciences. Seule, la morale chrétienne avec ses précisions inéluctables, avec sa vigueur impérative, son action pénétrante sur les consciences, présente des garanties certaines.

Faute de ce contrepoids à l'égoïsme naturel, le syndicat neutre se verra exposé, dans les conflits d'intérêts, à violer plus ou moins la justice, à se laisser même entraîner par l'ambiance socialiste jusqu'à nuire parfois gravement à l'ordre public et à la société. Les exemples ne manquent pas de ces déviations déplorables.

Un syndicat sans doctrine, c'est un syndicat sans boussole, un syndicat sans idéal. La C. G. T. possède une doctrine : la doctrine immorale de la lutte de classes ; elle a un idéal : la Révolution ; un but : imposer sa dictature. La neutralité, négation de tout idéal, ne saurait être créatrice d'énergie. Un syndicat neutre ne possède en lui-même aucun ressort, aucun principe de vie, de dévouement, d'activité : il ne sera jamais qu'une association d'égoïsmes et d'appétits, un groupement sans pensée et sans élan.

En fait, il n'y a que deux doctrines sociales : la doctrine catholique et la doctrine socialiste : l'une, doctrine de justice pour tous et de paix sociale ; l'autre, doctrine de haine et de guerre sociale.

Résolument il faut choisir. Un bon citoyen ne peut hésiter dans son choix.

V

LES DEVOIRS

Quels sont les devoirs que l'ouvrier doit remplir pour satisfaire à la justice?

L'ouvrier doit fournir intégralement et fidèlement tout le travail auquel il s'est engagé par contrat librement consenti et conforme à l'équité;

Il ne doit point léser son patron, ni dans ses biens, ni dans sa personne;

Il ne doit se livrer, pour faire aboutir ses revendications, ni à des actes violents, ni à des actes séditieux.

La liste et la formule de ces devoirs sont tirées de l'Encyclique *Rerum Novarum* de Léon XIII, qu'on a appelé le « Pape des ouvriers ».

Quels sont les devoirs que le patron doit remplir pour satisfaire à la justice vis-à-vis de ses ouvriers?

Les voici, d'après la même Encyclique :

Il doit leur donner le juste salaire;

Il doit s'interdire tout acte violent, tout procédé frauduleux, toute manœuvre usuraire qui serait de nature à porter atteinte à leurs épargnes et à leurs économies;

Il doit leur donner la liberté d'accomplir leurs devoirs religieux;

Il ne doit pas les exposer à des séductions corruptrices ni à des dangers de scandales ;

Il ne doit pas les détourner de l'esprit de famille et de l'amour de l'épargne ;

Il ne doit pas leur imposer des travaux disproportionnés à leurs forces ou qui conviennent mal à leur âge ou à leur sexe.

Qu'est-ce que la conscience professionnelle?

C'est l'appel de la loi intérieure par lequel nous sommes pressés de remplir exactement les obligations spéciales de notre métier, de notre emploi ou fonction.

Dans les anciennes Corporations pénétrées d'esprit chrétien, la conscience professionnelle dominait la vie et l'activité des « maîtres » et des « compagnons ». Les coutumes avaient, pour toute faute contre l'honneur du métier ou le devoir d'état, des sanctions sévères. Le maître ou patron devait employer dans toutes ses fabrications des matières saines et loyales ; les compagnons ou ouvriers devaient donner tous leurs soins à l'exécution du travail. Chacun se piquait et s'honorait d'être consciencieux.

Aujourd'hui, la conscience professionnelle est trop souvent oblitérée. Certains patrons industriels se permettent de frauder sur la qualité des matières employées ; ils écoulent de la camelote sous l'étiquette de marchandise loyale. Parfois, la falsification porte sur des produits alimentaires ou pharmaceutiques : la malhonnêteté du producteur devient alors un danger public.

Des ouvriers sans conscience professionnelle se rencontrent également : ils gaspillent le temps, gâchent les matières, sabotent l'ouvrage, n'ayant que le souci d'en faire le moins possible. Ouvriers et patrons saboteurs sont heureusement des exceptions, sans quoi la fraude patronale et le sabotage ouvrier auraient bientôt fait de discréditer l'industrie nationale et de la ruiner, pour le plus grand profit des peuples concurrents.

Chacun de nous est un rouage dans la grande machine sociale. Si nous remplissons exactement nos devoirs d'état, le rouage que nous sommes fonctionne bien; si nous les négligeons, il grince ou s'arrête et toute la machine sociale en souffre. Rouages libres, c'est la conscience professionnelle — conscience des devoirs d'état — qui nous met en mouvement et nous maintient, malgré les difficultés, en bon fonctionnement.

Il sera bien difficile à un patron, à un ouvrier ne croyant pas en Dieu et à sa justice, de se faire une conscience professionnelle droite et ferme, qui l'incline en toute occasion vers le devoir, malgré l'intérêt ou le plaisir du moment.

A quoi doit tendre un bon syndiqué?

Un bon syndiqué devra tendre d'abord à se faire un bon *tempérament syndical*, c'est-à-dire une intelligence prompte à percevoir le rôle important et le but élevé de l'organisation corporative, prompte à comprendre les services que cette organisation est appelée à rendre aux membres de la profession, à la profession elle-même, à l'ordre public et à la paix sociale, par conséquent à la nation.

Avec le tempérament syndical, il développera chez lui le *sens social*, c'est-à-dire le sens de l'intérêt général, le sens de la solidarité des intérêts, qui est aux antipodes du sens individualiste ou particulariste.

L'individualisme est une forme de l'égoïsme : l'individualiste pense étroitement à ses intérêts personnels; il s'isole, ignore les autres; il ne comprend pas que l'union fait la force.

Le particularisme, ce n'est plus l'égoïsme de l'individu, mais l'égoïsme des groupes, des castes, des partis. Les particularistes s'enferment en de petites chapelles, ne voient que les intérêts de leur association, de leur milieu, de leur classe; ils ne comprennent pas que l'union de leur groupement avec un autre groupement ferait de deux faiblesses une force.

Nous sommes tous solidaires, interdépendants, parce que nous sommes *membres* du même *corps* social. Nos actes exercent une influence bonne ou mauvaise sur la vie, sur le bonheur, sur la santé, la moralité de notre prochain.

Un exemple : Bien que vous soyez libre en semaine, vous réservez vos emplettes pour le dimanche; votre voisin, votre voisine font comme vous : qu'arrive-t-il? Les magasins restent ouverts le dimanche : vendeurs et vendeuses doivent travailler; point de repos pour eux, point de vie de famille, point d'assistance aux offices religieux. Pourtant, les patrons seraient heureux de fermer leurs magasins; eux aussi voudraient bénéficier du repos; mais sous peine de perdre la clientèle, ils sont obligés de travailler et de faire travailler... Voyez-vous comme tout se tient?

Le sens social, comme la charité, nous tourne vers les autres, mais il lui surajoute une lumière qui éclaire ses démarches; avec lui, la charité est une charité qui réfléchit beaucoup, une charité très instruite, très fine, très prévenante.

Quels sont les devoirs du bon syndiqué vis-à-vis du syndicat?

Payer régulièrement ses cotisations;
Assister régulièrement aux réunions syndicales;

Observer les statuts et règlements syndicaux, garder les consignes données par le Bureau syndical dans l'intérêt de tous;

Signaler au service syndical de placement les emplois vacants dont on a connaissance;

S'inscrire et s'intéresser aux organisations annexes, mutualité et coopérative, etc.;

Soutenir le journal professionnel de la fédération, de l'union ou du syndicat.

Suivre autant que possible les cours professionnels, afin d'exceller dans son métier et faire honneur au syndicat;

S'initier à la doctrine sociale catholique, à la législation protectrice des travailleurs, aux principes essentiels de l'économie politique, afin d'être à même de remplir avec compétence les fonctions de dirigeant syndical, de délégué à la Commission mixte, de conseiller prud'homme, etc.;

Avoir le culte de l'honneur syndical; tenir les engagements pris dans les contrats collectifs.

Quels sont les devoirs du syndiqué à l'atelier?

Observer les clauses du contrat de travail : contrat individuel ou contrat collectif;

Bien employer le temps; aimer le travail bien fait, la besogne soignée; tenir très haut sa conscience professionnelle;

Veiller à l'observation des lois ouvrières, surtout quand il s'agit de la protection des femmes et des enfants;

Garder son sang-froid malgré les excitations des meneurs socialistes; ne pas se plaindre pour rien, mais tenir à la stricte observation du contrat de travail ;

Pratiquer les règles de la sobriété et combattre autour de soi l'alcoolisme qui ruine les santés, prive les femmes et les enfants d'une partie du salaire, dégrade l'ouvrier et rend vaines les meilleures réformes;

Faire respecter la morale dans les conversations...

Quels sont les devoirs du syndiqué vis-à-vis des membres du syndicat?

Les regarder comme des frères; être toujours prêt à défendre leurs droits : se réjouir, sans arrière-pensée, de l'aide que leur ménage l'organisation syndicale;

Les aider, en cas de chômage, à trouver un emploi et ne pas faire payer ce service par une invitation au cabaret;

Traiter les apprentis comme on traiterait ses propres enfants : ne pas en faire à l'atelier de petits domestiques; les encourager et les aider à apprendre le métier; ne pas tenir devant eux des propos inconvenants; leur donner le bon exemple au point de vue de la sobriété; s'efforcer de former chez eux la conscience professionnelle...

VI

L'ACTIVITÉ SYNDICALE

Quelle marche doit suivre l'activité syndicale?

Il va sans dire que le syndicat devra toujours régler sa conduite d'après les circonstances. Ainsi faudra-t-il donner quelquefois à un intérêt secondaire en apparence un tour de faveur. La pratique ne s'accorde pas toujours avec la théorie.

Mais comme il est utile de connaître la théorie, c'est-à-dire l'ordre rationnel des choses, voici quelle marche suivra d'ordinaire un syndicat. Rien ne l'empêche de mener plusieurs activités de front.

Il portera d'abord son attention sur le recrutement. Un syndicat ouvrier de quelques membres ne peut songer à aucune action importante. Mais, pour le recrutement, il faut des propagandistes capables de discuter les questions sociales et syndicales ; pour la direction et l'administration, il faut des syndiqués initiés à une foule de connaissances : la formation d'un état-major syndical s'imposera donc dès le début.

Futurs dirigeants et propagandistes se formeront par l'étude : lectures, assistance à des cours, conversations avec des gens compétents, tout profite à qui veut apprendre.

Mais le *cercle d'études*, avec l'effort personnel de recherche et de réflexion qu'il demande, sera le meilleur instrument de formation, s'il est bien dirigé.

En possession de bons cadres, le syndicat s'occupera sans retard du contrat de travail de ses membres : il étudiera par conséquent l'organisation d'une commission mixte pour entrer, au moyen de ses délégués, en contact avec les patrons de la profession et conclure avec eux, s'il y a lieu, un contrat collectif.

Si la corporation — c'est-à-dire les syndicats patronaux et ouvriers en plein accord — n'en prend pas l'initiative, il appartient au syndicat d'organiser dans la mesure du possible :

Le service de l'apprentissage, de l'enseignement et du perfectionnement professionnels;

Le service du placement.

Après cela, le syndicat devra s'occuper des œuvres annexes :

Mutualité (secours de chômage, de maladie, etc.);

Coopérative (achats en commun, vente en commun).

Ces organisations affectent des formes variées.

Encore une fois, rien n'empêche de mener tout de front, si les circonstances sont favorables.

Qu'entendez-vous par service de l'apprentissage, de l'enseignement et du perfectionnement professionnels?

C'est le service qui a pour but, au moyen de leçons pratiques et de cours techniques, de former les apprentis et d'augmenter chez les syndiqués adultes la capacité professionnelle.

Ce service est une institution normale de la corporation. Le concours des syndicats parallèles — patronaux et ouvriers — semble indispensable pour mener cette œuvre difficile à bonne fin; car, pour organiser des ateliers d'apprentissage et des écoles professionnelles, il faut de grandes ressources en argent et en hommes.

La loi du 25 juillet 1919 organise l'enseignement technique, industriel et commercial.

Un syndicat d'ouvriers ou d'employés trouvera toujours le moyen d'organiser à peu de frais les cours professionnels les plus indispensables, une petite bibliothèque éducative, etc.

Les syndiqués devront avoir une grande estime de l'éducation professionnelle ; plus ils seront capables et habiles, plus ils rendront de services à leur industrie, par conséquent aux camarades, à la société tout entière, au pays.

Qu'entendez-vous par placement professionnel ?

On entend par là un service syndical ou corporatif — selon qu'il émane d'un syndicat ou de la corporation tout entière — qui centralise les offres et demandes d'emploi, et met en rapport les employeurs cherchant des employés, et les employés cherchant un emploi.

Faire le placement est une des fonctions normales de toute association professionnelle.

Le type parfait du bureau de placement est le bureau corporatif, appelé « bureau paritaire », parce qu'il est administré à la fois par les patrons et les ouvriers et présente ainsi, pour les uns et les autres, le maximum de garanties.

Qu'entendez-vous par mutualité ?

On entend par là l'organisation d'associations de prévoyance qui, au moyen des cotisations de leurs membres et souvent de membres honoraires non participants, assurent des secours en cas de maladie, blessure, infirmité, en cas de chômage, en cas de naissance d'enfant, en cas de décès, etc.

La mutualité française est régie par la loi du 1er avril 1898.

Il y a une grande variété de sociétés de secours mutuels assurant leurs membres contre les risques divers de l'existence.

Le syndicat fera bien d'organiser, en faveur de ses adhérents, une société de secours mutuels qui s'étendra, s'il y a lieu, à des non syndiqués, afin d'accroître ses ressources. La mutualité syndicale apportera un supplément de secours à ceux qui bénéficieraient déjà des assurances instituées par l'État.

La mutualité développe l'esprit de prévoyance et d'épargne, l'esprit de solidarité et de charité en démontrant que le sacrifice annuel d'une légère cotisation, économisée sur un plaisir ou un besoin factice, apporte, en se joignant à d'autres cotisations semblables, secours et réconfort à des frères ou sœurs de travail atteints par la maladie, le chômage, etc...

Qu'entendez-vous par coopérative ?

On entend par là l'organisation de sociétés de producteurs ou de consommateurs qui s'unissent et s'organisent de manière à se passer des intermédiaires, et ainsi à bénéficier de leur profit.

Dans la coopérative de consommation, on se passe du marchand détaillant; dans la coopérative de production, on se passe du patron; dans la coopérative de crédit, on se passe du banquier.

Dans la *coopérative de production* des ouvriers s'associent, par exemple, pour organiser un atelier de menuiserie ou une imprimerie, ou encore pour exploiter une ferme en commun. Ils sont à la fois employeurs et employés et se partagent, selon un règlement, tout le profit de l'entreprise.

La pierre d'achoppement de la coopérative de production est l'indiscipline des associés, qui n'obéissent pas toujours à l'autorité établie par les statuts; car une autorité est indispensable pour assurer la direction de l'entreprise.

Dans la *coopérative de consommation*, les associés ouvrent un magasin collectif et lui réservent leurs achats usuels. La coopérative remplace le commerçant détaillant : obtenant, comme lui, des producteurs le prix de gros, elle peut vendre les denrées à des prix de détail inférieurs au prix courant et réaliser, en outre, après avoir couvert ses frais, un certain bénéfice. Ce bénéfice est employé conformément aux statuts. Une part en est souvent distribuée aux coopérateurs sous le nom de « ristourne » ou « trop-perçu », proportionnellement au chiffre de leurs achats. Beaucoup de statuts permettent de prélever sur le bénéfice annuel une certaine somme qui sert à subventionner des organisations sociales.

Dans la *coopérative de crédit*, les associés constituent, au moyen de leurs épargnes et de leurs dépôts, une caisse où ils trouveront, au moment du besoin, des prêts à bon compte.

Les coopératives ne sont pas, au même titre que l'enseignement professionnel ou la mutualité, des organisations corporatives; mais, si beaucoup se constituent hors de tout milieu professionnel, le syndicat n'en demeure pas moins un terrain très favorable à leur éclosion.

Pour ces divers services, le syndicat n'exige-t-il pas des cotisations très élevées?

Les petits ruisseaux font les grandes rivières : avec beaucoup de petites cotisations on fait une grande somme d'argent. De là, la nécessité de faire des recrues nombreuses.

Les syndiqués devront être assez raisonnables pour se rendre compte qu'on n'a rien pour rien en ce monde. S'ils veulent donc de puissantes et bienfaisantes institutions syndicales, ils accepteront de payer de fortes cotisations.

La richesse du syndicat profitera à tous les syndiqués, comme la richesse d'une famille profite à chacun de ses membres.

Le syndical n'a-t-il pas un rôle à jouer dans la vie publique?

Le Gouvernement fait souvent des enquêtes auprès des syndicats; il leur demande des avis sur des projets de réformes. Le Bureau syndical et les syndiqués devront s'intéresser aux questions ainsi posées en vue du bien général, y répondre avec réflexion, précision et conscience. Ainsi, la loi du 23 avril 1919 sur la journée de huit heures exige que les syndicats soient consultés en vue de la rédaction des décrets qui réglementeront dans chaque industrie les applications du nouveau régime de travail.

Les statistiques demandées seront établies avec exactitude : elles sont des documents indispensables aux économistes, aux membres du Parlement. Faisant connaître la vraie situation du pays, elles servent beaucoup dans l'établissement des lois et règlements publics.

Le Bureau syndical devra veiller à faire inscrire tous ses membres sur les listes électorales, à l'occasion des élections professionnelles qui ont lieu périodiquement, pour les *Conseils de Prud'hommes* (loi du 27 mars 1907), pour les *Conseils consultatifs du Travail* (lois du 17 juillet 1908 et du 8 avril 1910). Les femmes ont le droit de suffrage. Patronnes, ouvrières et employées sont électrices et éligibles.

Le syndicat lui-même, comme tel, étant électeur et disposant d'un nombre de voix proportionnel au nombre de ses membres, le Bureau ne manquera pas de préparer et transmettre le vote syndical dans les élections diverses prévues par les lois et règlements : élections, par exemple, au *Conseil supérieur du Travail* (décrets du 14 mars 1903, 27 janvier 1904, etc.), aux *Offices des Pupilles de la Nation*, etc.

Quel est le rôle assigné à l'Internationale syndicaliste ?

Le rôle essentiel de l'*Internationale syndicaliste* est d'unifier, au moyen de congrès ou conférences périodiques, les programmes de revendications et réformes ouvrières afin d'en obtenir l'adoption simultanée dans les diverses nations. Étant donné l'âpreté de la lutte industrielle entre les peuples modernes, un pays ne peut plus faire des réformes importantes dans le domaine du travail sans s'exposer à pâtir de la concurrence des pays moins épris d'idéal.

Nous avons pu adopter la journée légale de 8 heures parce que, en vertu du Traité de paix de Versailles, les autres nations l'adopteront à leur tour. Si les nations concurrentes, alors que nous la pratiquons loyalement, pratiquaient la journée de 9 heures ou de 10 heures, malgré le Traité, notre industrie ne tarderait pas à être dominée par ces nations peu scrupuleuses.

Il appartient à l'*Internationale syndicaliste* de veiller à la stricte observation du Traité, sur ce point comme sur d'autres points de la législation sociale internationale. Les ouvriers de tous les pays sont directement intéressés à l'unification des règlements du travail qui, seule, permettra d'avancer sans danger dans la voie des réformes sociales.

L'Internationale du syndicalisme chrétien a pour mission, en face de l'Internationale du syndicalisme socialiste ou socialisant, de faire entendre la voix de la raison, de la justice et de la concorde, de mettre obstacle à la dictature du socialisme, d'aider le monde du travail à instaurer partout l'ordre social chrétien.

VII

RÉPONSE A QUELQUES DIFFICULTES

La religion n'a rien à voir dans les affaires.

A tout instant, la morale — et il n'y a pas de morale vraie sans religion — a son mot à dire dans les affaires.

Dans les affaires, on passe continuellement des contrats ; on achète des marchandises, on en vend ; on emprunte de l'argent et l'on en prête à intérêts ; on embauche des ouvriers et l'on fixe des salaires... Ce sont autant de contrats, contrats d'achat, de vente, de prêt, de louage d'ouvrage...

Ces contrats seront justes ou injustes, selon qu'ils seront conformes ou non aux règles de la morale.

> Le bien d'autrui tu ne prendras,
> Ni retiendras à ton escient.

Ce commandement de Dieu ne nous défend pas seulement de voler le porte-monnaie du voisin ; il nous défend toute injustice à son égard.

Supprimez la religion et vous supprimerez la vraie base de la morale. S'il n'y a pas de Dieu, si je n'ai aucun compte à rendre après la mort, si tout se réduit à la vie terrestre, mon intérêt est de jouir de cette vie le plus possible. J'ai droit à ma part de bonheur : pour la conquérir, tous les moyens sont bons ; quiconque se met en travers de ma voie commet une injustice à mon égard : si je suis assez fort, je le brise.

Voilà l'humanité avec une morale sans Dieu. Quel spectacle ! Partout la lutte, la bataille pour la proie ! C'est le règne de la force. C'est donc le recul de la civilisation et le retour au paganisme. La morale de la force, il n'y a pas de doute, nous rendra l'esclavage avec ses horreurs.

Les socialistes qui combattent la religion sont, en réalité, les pires ennemis de la classe ouvrière : ils préparent les voies au paganisme et, par le paganisme, à l'oppression des faibles par les forts. Mais cela importe peu aux meneurs socialistes ; ils sont bien tranquilles : dans la société socialiste, ce sont eux qui seront les chefs, donc les gros et les forts.

Moi, je n'ai pas besoin de syndicat, j'ai du travail bien payé.

Vous avez du travail bien payé..., combien de temps ça durera-t-il ? Vous pouvez tomber malade, devenir infirme... ; votre industrie peut traverser une crise, dépérir, disparaître..., que deviendrez-vous sans appui, sans secours ?

Ne dédaignez pas le syndicat comme trop petit pour vous ; rappelez-vous le proverbe :

« On a souvent besoin d'un plus petit que soi. »

Il y a une Providence en ce monde : on est souvent puni par où l'on a péché.

Vous n'avez pas besoin de syndicat, dites-vous, mais d'autres en auraient besoin : pour eux, le syndicat serait d'un grand secours... Vous qui êtes un bon ouvrier, un bon employé, puisque vous avez toujours du travail et du travail bien payé, vous seriez, grâce à votre excellente réputation, un appoint énorme pour le syndicat. Si vous êtes vraiment chrétien, écoutez et comprenez ceci : dans votre seule adhésion au syndicat, il y aura l'acte de camaraderie, de charité, le plus intelligent et le plus efficace, parce que ce ne sera pas une personne seulement, mais cent, cinq cents, mille personnes, mille familles qui en profiteront.

Se syndiquer ne convient pas à une femme.

Le syndicat convient à toutes les personnes qui exercent une profession, aux femmes par conséquent, comme aux hommes. N'avez-vous pas des intérêts à promouvoir? Jusqu'à présent, on n'a trouvé rien de mieux que l'association professionnelle ou syndicat pour promouvoir, sur une large échelle, les intérêts professionnels.

Mais vous trouvez, peut-être, que ce nom-là de syndicat manque de cachet, de chic, pour une travailleuse de profession distinguée...

Ma foi, vous êtes bien difficile. Ils ne sont pas si dégoûtés ces châtelains, grands propriétaires, qui font partie de syndicats agricoles, ni ces grands industriels et commerçants, qui font partie chacun du syndicat de leur industrie ou commerce, ni MM. de Rothschild, qui président des syndicats financiers.

Pas de préjugés ridicules. Pensons et jugeons en personnes de tête et non en petites perruches.

Allez au syndicat chrétien; là, toutes les règles de bienséance seront observées. Rien ne vous y choquera. Si vous n'y allez pas... attendez un peu, il vous faudra, malgré vous, vous syndiquer ailleurs. Les socialistes se remuent beaucoup; vous serez bientôt peut-être acculée par eux, dans votre magasin, votre bureau, à vous laisser inscrire au syndicat révolutionnaire... Vous y ferez jolie figure.

Je ne pourrai jamais payer ma cotisation.

Entendu... Eh bien, sachez que si vous ne la payez pas une fois, vous la payerez, que vous le vouliez ou non, dix fois, vingt fois, peut-être cent fois, et en pure perte.

C'est un fait : un syndicat bien mené procure toutes sortes d'avantages : en particulier, il veille à maintenir le juste salaire ; le juste salaire, c'est le bon salaire. Vous ne payez pas de cotisation, vous n'êtes donc pas syndiqué, vous n'avez donc personne pour défendre votre juste salaire. Si vous perdez seulement cinquante centimes de salaire par jour, vous perdrez environ quinze francs par mois et cent quatre-vingts francs par an. Est-ce que vous ne payez pas ainsi plusieurs fois votre petite cotisation ?

N'étant pas syndiqué, vous perdrez les avantages et les garanties du placement syndical, vous perdrez le bénéfice professionnel des leçons et cours techniques qui augmenteraient votre capacité et donc vous donneraient droit à un meilleur salaire.

Payer sa cotisation, c'est faire un bon placement ; c'est placer son argent non à cinq pour cent, mais à cent pour cent.

Si j'entre au syndicat, il me faudra tout le temps faire grève.

Erreur : ce ne sont pas les syndicats, mais des comités improvisés, des groupes de meneurs sans autorité qui ont provoqué la plupart de ces innombrables grèves dont notre vie économique a tant souffert avant la guerre.

Pour peu qu'ils aient à leur tête des personnes de

bon sens et de conscience — et il dépend des syndiqués de n'y mettre que de ces personnes-là — les syndicats ne se jetteront jamais, sans avoir fait une étude minutieuse de la situation économique et sans avoir épuisé tous les moyens de conciliation, dans la dangereuse aventure d'une grève.

Un Bureau syndical intelligent ne s'y décidera que pour des raisons extrêmes, car il verra d'un coup d'œil ce qu'une grève représente de salaires perdus, perdus souvent sans aucune compensation réelle.

N'exagérez donc rien.

Si, dans un cas donné, un intérêt vital étant en jeu, il fallait, pour obtenir justice, se décider à la grève, pourquoi ne marcheriez-vous pas avec les camarades ? L'issue de la grève peut ne pas vous intéresser personnellement, mais, si elle intéresse vos camarades syndicalistes, la charité fraternelle et la discipline de l'association à laquelle vous êtes affilié librement vous feront un devoir de les seconder.

Mon patron me fera grise mine si je me syndique : je risque de perdre ma place.

Oui, certains patrons se méfient des syndicats ; c'est qu'ils n'ont vu à l'œuvre que des syndicats socialistes et révolutionnaires. Ces syndicats de lutte de classes ne cherchent qu'à créer des embarras à l'industriel, au risque de ruiner l'industrie qui les fait vivre.

Le syndicat indépendant répudie, comme injuste et stupide, la méthode de « chambardement ». Ses droits, il les défend avec énergie, mais il respecte ceux du patron. Loin de lui créer des difficultés, il collabore loyalement à la production, s'efforce de faire prospérer la fabrique ou l'usine, sachant très bien que, seules les industries prospères assurent le bien-être des travailleurs.

Si vous entrez vraiment dans l'esprit du syndicat chrétien, vous serez un ouvrier, un employé consciencieux, votre patron saura vous apprécier ; il n'aura pas la sottise de vous mettre à la porte.

Et puis, tout le monde se syndique : votre patron est lui-même syndiqué vraisemblablement. S'il tient à garder son atelier ouvert, son usine ouverte, il sera bien forcé d'employer des syndiqués, car il n'aura bientôt plus le choix entre syndiqués et non syndiqués.

Nous avons ici des syndicats qui ne sont pas socialistes, à quoi bon en créer de nouveaux ?

Les syndicats dont vous parlez peuvent être composés de très braves gens, c'est entendu ; mais dites-moi, ne se rattachent-ils pas à une Union départementale et à une Fédération d'industrie ? Cette Union, cette Fédération, ne se rattachent-elles pas elles-mêmes à la *Confédération générale du Travail* de Paris ?

Oui, n'est-ce pas ?

Eh bien, sachez que la C. G. T. est le moteur central du syndicalisme socialiste. C'est d'elle que partent les grands mouvements qui se transmettent de proche en proche jusqu'aux syndicats et aux syndiqués de la province la plus reculée.

Quels sont les chauffeurs et mécaniciens de cette grosse machine ? Des socialistes, mêlés d'anarchistes, de bolchévistes.

Sans doute, les syndicats locaux jouissent d'une certaine indépendance théorique, mais la bonne volonté de leurs dirigeants tiendra-t-elle longtemps contre la formidable pression de l'engrenage? Ils seront emportés malgré eux. Résultat déplorable : ces braves gens apporteront à la lutte de classes, à la guerre sociale, l'appoint de leur force.

Vous voyez le péril. Pour n'être pas entraîné un jour par l'engrenage de la C. G. T., gardez-vous d'entrer dans un syndicat affilié à cette Centrale socialiste.

Il existe, il est vrai, des syndicats neutres, c'est-à-dire ne se réclamant d'aucune doctrine sociale, mais ils disparaissent les uns après les autres. N'ayant pas de doctrine, ils n'ont pas d'âme et sont voués à la mort. On en a vu plusieurs passer avec armes et bagages à la C. G. T.

Mon patron, qui est bon catholique, ne veut chez lui ni syndicat socialiste, ni syndicat à principes chrétiens.

Que votre patron n'aime guère les syndicats socialistes, c'est assez naturel. Les socialistes n'ont qu'un but, le « chambardement » de la société actuelle. Pour eux, les mots justice et injustice ne signifient pas ce qu'ils signifient pour le commun des hommes. Le patron, c'est l'ennemi, en vertu du principe de la lutte des classes : aussi, avant la guerre, cherchait-on à lui faire le plus de mal possible. A ce petit jeu de massacre on ruinait l'industrie française, mais les grands économistes de la C. G. T. ne voyaient pas si loin.

Que votre patron n'aime pas les syndicats à principes chrétiens, c'est une erreur de la part d'un bon catholique. S'il est catholique, il devrait juger ces syndicats comme les juge le Pape; or, les Papes n'ont cessé d'en recommander la fondation : ils ont sans doute de bonnes raisons pour cela.

Mettre les syndicats à principes chrétiens, et les syndicats socialistes dans le même sac, c'est se rendre coupable d'une injustice criante et faire injure à la religion.

A son insu, ce patron juge tout bonnement comme ces révolutionnaires de 1791, qui frappèrent de mort les corporations. En condamnant avec eux l'organisation professionnelle, l'une des assises fondamentales de l'ordre social, il favorise en fait le désordre.

Un socialiste m'a dit : « Vous êtes une confrérie ; vous n'êtes pas un syndicat. »

Répondez : « C'est faux » et affirmez le caractère strictement professionnel de votre association. Montrez que tous ses adhérents ou adhérentes sont du même métier ou de métiers similaires ayant les mêmes intérêts ; que dans les réunions syndicales, seules les affaires professionnelles font l'objet de vos discussions.

Et après la défense, l'attaque :

« Vous prétendez, direz-vous, que nous sommes une confrérie parce que notre syndicat se réclame des principes chrétiens... mais, à ce compte, vos syndicats socialistes sont encore plus confréries que le nôtre : ils sont des confréries rouges... S'en tiennent-ils strictement, comme le nôtre, aux questions professionnelles ? Non. Dominés par les sectaires, ils poursuivent des buts extra-professionnels, cherchent à ruiner toute religion, la morale chrétienne, et à chambarder la société actuelle : et pour la remplacer par quoi ? Par une société matérialiste, où triomphera la religion des appétits et la morale des instincts... pratiquement la religion de l'égoïsme et la morale de la force, c'est-à-dire le paganisme caractérisé par la domination des forts et l'asservissement des faibles. »

*Un socialiste m'a dit : « Vous êtes un syndicat jaune ».
Je n'ai pas bien compris.*

Il a voulu dire que votre syndicat est à la solde des patrons. Rien que ça !... Pour le coup, vous auriez dû protester avec indignation contre cette insinuation perfide et stupide. L'honneur syndical est ici en cause. Dites bien haut que votre syndicat n'a été acheté par personne, qu'il est libre de toute attache pécuniaire, et que si d'ailleurs vous entretenez de bons rapports avec les patrons animés de l'esprit d'équité à votre égard, vous ne sauriez admettre leur ingérence dans vos affaires !

Comme dit le proverbe : Charbonnier est maître chez soi !

Dites bien haut que les principes chrétiens commandent la sincérité, la loyauté, la vraie fraternité entre frères et sœurs de travail, qu'ils condamnent l'hypocrisie et la trahison.

Un syndicat qui ferait sournoisement le jeu des employeurs contre les employés ne serait qu'une organisation antisociale, puisqu'il fausserait les rapports entre le capital et le travail, sèmerait la zizanie et susciterait des haines parmi les membres de la même profession qu'un lien fraternel doit unir : jamais un syndicat indépendant, d'esprit chrétien, n'acceptera cette falsification du syndicalisme, cette déloyauté corporative.

Les syndicalistes socialistes vont accuser les syndicats indépendants de semer la discorde, de briser l'unité.

Vous leur répondrez : « C'est vous, les premiers, qui avez créé la division parmi les travailleurs, en affichant vos principes révolutionnaires, en faisant du syndicat une machine de guerre dressée contre la religion, la famille, l'ordre social et contre les véritables intérêts de la classe ouvrière. Vous n'avez jamais été une organisation strictement professionnelle... Par vos discours, vos manifestations antichrétiennes, vous avez rendu pour nous la maison syndicale inhabitable et vous nous avez contraints à nous faire un foyer à nous... Ouvrez votre journal, *La Bataille*, vous y trouverez, même en pleine période d'union sacrée, des articles, des expressions, des réclames de librairie qui sont, pour nous, des insultes grossières.

Restons séparés, puisque toute cohabitation est impossible ; mais, sachez que, dans toute juste cause, lorsqu'une action d'ensemble exigera la constitution d'un *cartel*, nous marcherons avec vous pour la défense des intérêts communs. Notre idéal social ne le cède en rien au vôtre ; nous l'estimons infiniment supérieur au vôtre. Plus que vous, nous voulons les justes réformes. Nous demandons, nous voulons que la dignité de la personne humaine soit respectée : la dignité humaine, le christianisme l'a proclamée dix-huit siècles avant le socialisme !

Puisque nous marcherons avec vous quand il conviendra, l'unité du mouvement syndical ne sera pas rompue. Des syndicats indépendants, à principes chrétiens, existent dans la plupart des pays : ils se sont toujours distingués par leur énergie, leur esprit d'initiative, de progrès, de solidarité...

Malgré la séparation, nous sommes prêts à vous aider, dans les limites indiquées, quand vous aurez besoin de nos services. Si nous déplorons et réprouvons vos doctrines, nous n'avons pour vos personnes aucune haine, aucune antipathie : restez très assurés de nos sentiments fraternels.

Nous sommes trop peu nombreux, nous ne ferons rien qui vaille.

Il dépend de vous, de votre esprit de propagande que le syndicat devienne une famille nombreuse. Faites des recrues autour de vous, parmi vos camarades de travail. Beaucoup sont embrigadés dans les groupements socialistes qui s'y sentent dépaysés : un mot de vous les décidera à se joindre à votre association.

Si vous étiez au courant de la doctrine sociale du christianisme, vous auriez tôt fait de convaincre maints camarades socialistes que votre idéal social l'emporte sur le leur.

Dites à ces camarades que c'est le Christianisme qui a rendu sa noblesse au Travail et la liberté à l'esclave ; que, sans le Christianisme, ils marcheraient encore sous le bâton, qu'ils n'auraient même pas le sentiment de la dignité humaine.

Ils sont ardents syndicalistes : parlez-leur des anciennes corporations chrétiennes, sauvegarde des travailleurs pendant des siècles. Dites que ce ne sont pas les catholiques, mais les révolutionnaires de 1791 (loi Le Chapelier des 14-17 juin) qui, au lieu de les adapter aux temps nouveaux, les ont abolies brutalement, donnant ainsi carte blanche au capitalisme païen en face d'ouvriers désormais sans défense.

Dites que les nôtres avec M. de Mun, ont toujours réclamé la restauration des associations professionnelles, seule protection ouvrière dans notre régime de libre concurrence..., qu'ils ont contribué à faire voter les lois syndicales du 21 mars 1884 et du 12 mars 1920, *combattues par les socialistes.*

Dites qu'ils ont élaboré, bien avant le Parlement, toute une législation protectrice des travailleurs...

Dites que l'Encyclique *Rerum Novarum* du Pape

Léon XIII, sur la *Condition des Ouvriers* est une magnifique charte du travail où toutes les nobles aspirations du monde ouvrier sont consacrées et confirmées...

Dites que les fameuses *Clauses ouvrières* dont les congrès syndicalistes, nationaux et internationaux, ont si péniblement élaboré la formule en vue de leur insertion dans le Traité de Paix, à titre de réglementation universelle du travail, pourraient se retrouver, inscrites depuis 1891, dans cette Encyclique trop peu connue...

Dites avant tout que la doctrine sociale chrétienne est une doctrine de justice et que, par conséquent, elle sera une défense infrangible contre les abus de la force.

Cela est si vrai que l'on a vu des patrons proscrire avec une vigueur particulière les syndicats chrétiens dont ils redoutaient la ferme conscience, l'intégrité scrupuleuse et les trop justes revendications.

Si vous étudiez un peu, si vous savez un peu, vous direz tout cela et bien d'autres choses encore...

Soyez persuadé que la doctrine sociale catholique possède en soi une vertu d'attraction et de séduction incomparable. Elle est, malheureusement, la grande méconnue.

Donc, si vous le voulez bien, vous gagnerez des adhérents : il ne faut pas douter du bon sens de vos camarades.

Mais supposons l'insuccès de vos efforts, supposons que vous ne soyez longtemps au syndicat qu'une poignée... Eh bien, dans cette hypothèse invraisemblable, l'avenir, si vous savez vouloir, est encore à vous. Il ne dépend que de vous, en effet, de devenir une élite, élite professionnelle, élite syndicaliste. Or, ce sont les élites qui mènent le monde. Les hommes compétents, clairvoyants, énergiques, tôt ou tard, s'imposent à l'attention et au respect.

TABLE ALPHABÉTIQUE DES MATIÈRES

Alcoolisme, 58.

Apprentissage, 8, 60. — système Taylor, 28.

Apprentis, 10, 21, 58, 60.

Arbitrage et Commission mixte, 14, 34. 39.

Association (Droit d'), 6.

Capital et travail, 8, 14, 15, 38.

Cartel, 76.

Charité, 3, 10, 46, 56, 58, 71.

Charte internationale du travail, 5, 78.

Cherté de la vie, 24, 26, 38, 43.

Chômage et système Taylor, 29. — et grèves, 38. — aide mutuelle, 58.

Commission mixte, 7. — rôle, 13. — juste salaire, 18. — contrat de travail, 22. — système Taylor, 28.

Concurrence patronale, 15, 17. — ouvrière, 15. — offre et demande, 17. — étrangère, 43.

Confédération, définition, 4. — C. G. T., 72.

Confrérie, 3, 45, 74.

Conscience professionnelle, 54. — contrat, 31. — apprentis, 58.

Conseil de prud'hommes, 64.

Conseil consultatif du Travail, 64.

Conseil supérieur du Travail, 65.

Contrat de travail, définition, 8, 9. — discussion, 10, 17, 22. — contrat-type ou contrat collectif, 13. — juste contrat, 17, 21, 67. — conscience, 31.

Contrat collectif, 13. — loi, 13. — avantages, 15.

Coopération, 60, 62.

Corporation, historique, 5, 6, 77. — rôle, 7.

Cotisation, 56, 63, 70.

Délégués du personnel, 12, 22. — système Taylor, 28.

Devoirs de l'ouvrier, 53. — du patron, 53. — du syndiqué, 55.....

Dimanche, repos, 10, 21, 56. — semaine anglaise, 49.

Eglise et syndicats, 44, 73. — devoirs, 53.

Encyclique « Rerum Novarum », 44, 46, 53, 78.

Esclavage, 9, 68.

Familles nombreuses, salaire, 18.

Femmes et syndicat, 48, 69. — Conseils de prud'hommes, 64.

Fonctionnaires et grève, 36.

Freinage de la production, 24, 43.

Grève, définition, 33. — motifs, 34. — violences, 34. — services publics, 35. — inconvénients, 38, 43. — arbitrage, 39. — grève politique, 36. — grève générale, 37. — syndicats chrétiens, 48, 70.

Hygiène du travail, 10, 22, 47.

Individualisme, 31, 41, 55.

Internationale, 4, 65.

Jaune (Syndicat), 51, 75.

Journée de travail, 21, 22. — loi de 8 heures, 49. — vie chère, 25. — système Taylor, 30.

Lutte de classes, 16, 38.

Moralité, contrat de travail, 10, 22, 31. — syndicat, 42, 44. — ateliers, 58.

Mun (*M. de*) et les syndicats, 5, 77.

Mutualité, 60, 61.

Neutre (Syndicat), 51.

Organisation scientifique du travail, 27.

Patrons, devoirs, 10, 22, 53. — syndicats, 7, 71, 73.

Placement (Bureaux de), 7.

Production, freinage, 24, 43. — machinisme, 27. — système Taylor, 30. — grèves, 34, 43.

Propagandistes, 59, 77.

Propriété (Petite), 48. — syndicale, 43.

Protection ouvrière (Lois de), 22, 49.

Recrutement syndical, 59, 78.

Religion dans les affaires, 67. — socialisme, 42, 68, 76. — ouvrières, 50.

Révolution et socialistes, 43. — et corporations, 5, 77.

Sabotage dans les grèves, 34, 43. — dans le travail, 54.

Salaire, 9. — source, 16. — juste salaire, 17. — minimum, 18. — familial, 18. — vie chère, 25, 35. — système Taylor, 31.

Salariat (Régime du), 22.

Semaine anglaise, 21, 49.

Sens social, 55, 68.

Services publics et grève, 35.

Socialisme, loi syndicale, 5, 77. — lutte de classes, 16, 38. — production, 21. — syndicalisme, 38, 72, 75, 77.

Solidarité entre patrons et ouvriers, 15, 16. — entre citoyens, 55, 56. — entre camarades, 68, 76.

Syndicat, 3. — historique, 5, 77. — loi, 5. — droit d'association, 5. — but, 6, 47. — variétés, 45. — socialiste, 42. — à principes chrétiens, 41, 73. — grève, 48, 70. — femmes, 48, 70. — enquêtes, 64. — utilité, 68. — neutralité, 73. — jaune, 50, 75. — neutre, 51.

Taylor (Système), 27, 31.

Travail, dignité, 9. — entente avec le capital, 14. — conditions du travail, 21. — durée, 21. — méthode, 28. — système Taylor, 27, 31.

Unité ouvrière, 41, 75.

Les Brochures jaunes ══ ══ de l'Action Populaire.

Leurs prix sont établis suivant le nombre des pages :
De 8 à 16 pages, l'unité, **0 fr. 50** ; — de 16 à 32 pages,
1 franc ; — de 32 à 48 pages, **1 fr. 50** ; — de 48 à
64 pages, **2 francs**..., *franco*.

Série sociale.   *Brochures déjà parues :*

1. A. P. — *L'Action Populaire. Son histoire*..... 16 pages.
2. H. du Passage — *Les tendances et les varia-
   tions du Syndicalisme révolutionnaire*..... 24 —
3. H. du Passage. — *La révolution économique
   et la transformation sociale*.............. 24 —
4. H. du Passage. — *L'avenir du Syndicalisme*.. 24 —
5. A. P. — *Conseils à nos Cercles d'études*........ 20 —
6. L. Barde. — *Vers le Socialisme agraire*........ 48 —
7. Mlle Carsignol. — *La formation sociale des jeunes filles*.. 16 —
8. A. P. — *Petite histoire des travailleurs*........ 20 —
9. A. P. — *Les Offices centraux au service des
   œuvres*....................................... 32 —
10. A. P. — *L'A B C de la petite épargne*......... 22 —
11. A. P. — *La Caisse autonome des mineurs*. ... 20 —
12. A. P. — *Les actions du travail*............... 16 —
13. J. Schuman. — *La tâche sociale des Syndicats
    patronaux*.................................... 16 —
14. J. Berteloot. — *Instituts professionnels et Col-
    lèges indépendants*............................ 24 —
15. P. Coulet. — *L'Église et le problème social*.... 24 —
16. P. Coulet. — *La Doctrine catholique du Travail
    salarié*....................................... 32 —
17. P. Coulet. — *La Doctrine catholique du Capital*. 32 —
18. P. Coulet. — *La Doctrine catholique de la Paix
    sociale*....................................... 32 —
19. Fédér. des U. S. F. — *La Fédération française
    des Unions des Syndicats féminins*......... 16 —
20. P. Séjalon. — *Apprentissage et éducation*...... 20 —
21. A. P. — *La loi sur la journée de huit heures*... 8 —
22. L. Durand. — *Petit guide pratique des Habita-
    tions à bon marché*.......................... 46 —
23. Al. Stauder. — *L'expérience bolcheviste en
    Hongrie*....................................... 16 —
24. J. Zamanski. — *La participation ouvrière*...... 16 —
25. L. Roure. — *Atonie et alcoolisme*.............. 16 —
26. Alb. Valensin. — *Le principe d'autorité*....... 24 —

(Pour les suivantes, voir le Catalogue.)

BIBLIOTHEQUE NATIONALE DE FRANCE
3 7531 01244028 6

www.ingramcontent.com/pod-product-compliance
Ingram Content Group UK Ltd.
Pitfield, Milton Keynes, MK11 3LW, UK
UKHW022339070726
13614UKWH00003B/1097